愛的業力種子

4步驟和19個練習，讓你從創傷到圓滿，顯化出自己的理想伴侶

瑪麗雅・梅拓 Marija Moertl &
彼得・梅拓 Peter Moertl——著

袁筱晴——譯

I am loved

Meditations and practices to create a perfect relationship
Powered by the Diamond Cutter System

目次

第二部 基礎觀念 107

【推薦序】

麥可・羅區格西談《愛的業力種子》

人生光陰不過短短數十載，活在這世上，最寶貴的體驗就是與親密伴侶共創美滿的關係。話雖如此，從我個人經驗看來，如果親密關係不順遂，那也是我們在人生中排行前幾名的慘痛經驗。

我猜，應該不是只有我會犯這種錯，大多數的人可能跟我一樣，自認是關係大師，並把這種態度運用在所有人際關係中。我大半輩子都抱著這種心態：如果我夠努力，我一定知道怎麼創造美滿的關係，接下來只要做就對了，不需要看書，也不用找諮商師。

度過漫長的一生後（我今年七十歲，正享受著一段五十三年前萌芽的美妙感情），我不得不承認自己當初實在錯得離譜。我才不是什麼關係大師呢！無論在家庭或在工作上，我時常在關係中不自覺地踩入誤區。

各位讀者或許知道，我花了半世紀以上的時間研閱蘊含智慧的古老東方典籍。這份學習始於普林斯頓大學，接著我在藏傳寺廟度過二十五年，最近二十五年，我走遍全世界分享所學。某一天，我突然領悟到，我爲什麼不早點把這份智慧運用在現代人的關係，尤其是我個人的關係中呢？

自從下定決心之後，我的世界變得不可思議。如今，我相當自豪地告訴各位，同樣的轉變也發生在我的好友彼得與瑪麗雅・梅拓的身上。有一次我們到莫斯科出差，彼得向大家介紹了他的未婚妻，那一刻的情景我記憶猶新。當時，在場應該沒有人能料到在他們眼前展開的，是一段甜美的未來。

幾年來，我欣慰地看著他們兩人的關係綻放，宛如我屋前花園中的奇花異草。他們率先把古老智慧運用在自己的婚姻中，這兩人如此靈活善巧，跨文化的異國婚姻容易遇到的種種難關，都被他們轉化成日常生活中的喜悅。

但他們並不滿足於此，懷著慈悲的心，他們把自己在關係中的收穫溫柔而堅定地分享給更多人。現在每年有上千人受益於他們的教學，把圓滿的古老智慧運用在家庭生活與工作中。

我默默看著這一切發生，心中喜悅洋溢，有如自豪的父親。懷著這份歡喜之情，我爲他們合著的新書《愛的業力種子》寫下推薦序。

閱讀此書之後，你會發現他們在書中宣揚的道理並不難懂。如果我對著人舉起一支筆，這個人會看到筆。但是如果我對著狗舉起一隻筆，牠會看到磨牙玩具。這件事證明，不管我們的辯術再怎麼高明，對方會看到筆還是磨牙玩具，取決於他是哪一種觀者，也取決於他心識中有什麼樣的種子。

我們和伴侶在感情中相處的時光及品質，來自我們遇到對方之前所種下的種子。若我們能學會如何掌握這個過程，就會擁有一段幸福美滿的關係。希望大家千萬別錯過這個大好機會。願你不僅閱讀此書，還能樂於將書中的練習運用在自己的生活中。

致上我親切的問候，與最美好的祝福

麥可．羅區格西

美國亞利桑那州，邊岩區

彩虹屋

二〇二三年五月二十五日

作者序

每個人內心深處，都想和自己深愛的人創造一段獨特又美好的關係。但是，眞的有美滿的伴侶關係嗎？當然有！只要我們找到對的方法，又願意付出努力，美滿的關係將不再是神話。

在本書中，我們會跟你分享我們兩人如何創造這段好到讓人難以置信的關係，而且，這份美好仍舊是現在進行式。我們夫妻倆在世界各地授課，教大家如何用獨特的古老方法，爲自己創造成功與幸福的人生。

這一切究竟如何開始？且讓我們細說從頭。瑪麗雅是來自下諾夫哥羅德的俄國女孩，成長於蘇聯。彼得則是成長於阿爾卑斯山山腳下，某個小型務農省分的奧地利男孩。這兩個成長背景迥異的個體是如何相遇的？我們如何找到兩人的共通點？

我們相遇前遇到哪些問題？相遇後又遭遇什麼麻煩？

我們倆如膠似漆的時光已超過十年，而我們的關係之所以如此緊密，全都因爲我們發現了一個歷久彌新的秘密，而現在，我們打算把箇中訣竅分享給你。在本書第一部，我們會敘述自己如何從各自的道路，邁向伴侶關係融洽的康莊大道。在第二及第三部，我們則會告訴你一個重要的道理。一旦你了解這個道理，就能與深愛的另一半創造幸福無比的關係。這個道理源於亞洲，歷久不衰。我們不但自己依循這些古老的原則生活，現在更想告訴你這些原則背後運作的道理。

書中許多練習都以冥想的方式呈現，因我們所關注的事物，會創造我們生活的實相，而冥想是心靈專注之道。所以，我們認爲冥想是促進幸福關係最重要的工具。這系列的冥想能夠形塑你的想法，也能提升你的創造力，讓你知道如何打造自己想要而且值得擁有的生活。你會學到如何運用自己的思維方式創造一段美妙的愛情故事。

冥想是我們每日早晨不可或缺的練習，而且我們確實感覺到冥想對個人以及對這段關係帶來的轉化，我們的生命因此而提升。在閱讀本書的過程中，我們也會邀請你一步一步把練習以及冥想整合到你個人生活中，親自體驗那份進步。這些工具人人適用，不論你的性別、年齡、生命經驗、社會地位、價值系統或信仰爲何，只要練習，就會受益。

這本書的重點並不是教你在困難之中保持樂觀，也不是在糟糕的狀況下看見希望。我們會在書中解釋每個人如何創造自己的客觀實相，並教你運用這樣的過程打造美滿的關係與理想的伴侶。

很多人都在關係中經歷過困難與痛苦，最後以分手收場。會有這種情形是因爲我們不知道自己究竟如何吸引生命中的人事物，導致我們一直複製會傷害自己的情境。這也是爲什麼世界上有半數婚姻以離婚收場，剩下的那一半中，不少人也只是勉強湊合。在本書中，我們會引用古老的經典，裡面的內容告訴我們世界源於心念的創造，同時，我們也會分享邏輯清晰的方法，幫助你改善關係、伴侶及整個世界。

如果你覺得這些證據和方法都不夠，儘管聯繫我們，我們會幫你想辦法。不過，根據我們多年來學習並教授上千名學員這套智慧的經驗，你對這套方法不滿意的機率微乎其微。因爲這些證據及方法流傳了兩千多年之久，歷經激烈的辯論、經過批判性思考與深入研究，並且已經歷了四十四代的實際檢驗，我們相信你會在書中找到滿意的答案。

透過這份知識，你能遇見完美的靈魂伴侶，或改變現有的關係。你將學會如何轉化伴侶對你的態度、伴侶的外表、對你的愛意與忠誠度。不僅如此，還能影響共同興趣的培養、傾聽能力、健康狀況以及各方面的成就。

在本書第三部，我們會詳細列出你能塑造或培養的理想伴侶特質。如果你在清單上找不到你希望伴侶具備的某些特質，請聯繫我們，我們很樂意提供免費的建議。

我們都知道跟所愛的人溝通，要求對方改變是行不通的，如果有用，這世界上就沒有怨偶了。可惜，大部分的人都如此，明知道這樣沒用，卻還是習慣以表達不滿來解決問題。結果不但看不到對方的改變，內心還累積不少怨氣和挫折。這個例子證明了溝通無法改變行爲。但是，我們想告訴你一個好消息：想把你的伴侶打造成完美先生／小姐，你根本不用開口說話。

行文至此，我們先賣個關子，暫時把形式、證明都放一旁。回想一下，你拿起這本書和我們寫下這本書的初衷是什麼？再單純不過了！這世界上沒有人想要過得不開心，沒有人想惹麻煩，但是，很多人還是過得不開心，一想到伴侶就心煩不已。

想像一下：假如你找到一把能解開一切難題的鑰匙，你會怎麼運用？

如果你找到讓所有關係幸福的公式，你會怎麼做？我們相信我們握有這個關鍵，而決定透過本書，分享這個祕訣。

我們鼓勵你不要急著相信這本書，先閱讀，然後測試書中方法，並且討論內容。仔細閱讀，勤做嘗試，當你眞的運用書中方法成功了，相信你也會想與他人分享。你分享的方式不見得是透過寫書，但你一定會想與他人分享自己成功的方法。如果通往幸福的關鍵源源不絕而且不花一毛錢，我們怎麼會吝於分享呢？

每次我們分享自己運用深刻的理解，創造出生命中想要的事物時，世界就成爲一個更好的地方，這正是潛藏在宇宙中每個生命體內在的眞實目的。

第一部

我們的故事

彼得：話說從頭

這裡既暖和又舒適，但我知道自己很快就得離開了。雖然意識到變化即將來臨，但我實在一點都不想出去。突然間，我的皮膚暴露在空氣中，雖然我才剛出生不久，但這是我人生中第一次覺得冷。原本保護我身體的溫暖羊水不再圍繞著我。我本來很享受那種靠著枕頭般的舒適感耶！我更好奇的是，接下來會發生什麼事？

多年後我才知道，因爲當年媽媽已經陣痛了三十六個小時，實在拖太久了，所以醫生決定用人工破水的方式讓我出生。

相較於外面的世界，媽媽的子宮實在太舒服啦！難怪我賴著不想走，但是我也無法阻抗分娩的推力，所以就這麼被擠出來了。這段回憶想起來挺怪的，我受到大力擠壓，導致肺部的水都從嘴巴流出來了，而我卻絲毫沒有痛覺。

首先映入我眼簾的是護士，她是位年長的女士，身穿白袍，還戴著護士帽。她看我的眼神，就像車廠裡的工人看著剛製造出的新車一樣，略帶疲憊，卻又心滿意足。她見我既沒張口呼吸，也沒哭，馬上熟練地抓起我的腿，讓我頭下腳上，並結實地賞我屁股一巴掌。她一打完，我才吸入生命中第一口氣。

護士打我的時候，我第一個念頭是：「怎麼有人敢這麼不尊重我？難道她不曉得我是誰嗎？」每次想到這件事，我都覺得好笑。這種自我意識八成是因為前世的認知偷偷滲入今生了，上輩子我可能是僧人，習慣處處受人尊敬吧！

空氣鑽入我幼小的肺中，升起燒灼感。但是我記得更清楚的是那時的念頭，「天啊！又來了，我得再次以人的形體經歷生老病死，不論我們做什麼，也不論我們變成什麼樣子苦苦掙扎，總免不了時間無情的壓迫。」

直至今日，我仍認為那位打我屁股，歡迎我來到世上的護士，宛如我的上師。這位上師態度嚴厲，意志堅決，知道什麼時候該做什麼事。但同時，她眼中閃爍著愛的光芒，彷彿在告訴我：「親愛的，你的旅程尚未結束，你還需完成最後的轉化，所以最好重新適應這個世界，學習你尚未掌握的課題。」

這位護士幫我轉身，好讓我第一次見到了媽媽。見到她的那一刻，同情與內疚感湧上心頭。她看起來既疲倦又喜悅，全身散發著眞誠的愛。他們把我放在她肚子上，然後，我的記憶慢慢模糊……我應該是睡著了。

長大後，我很少想起自己出生的時刻。但是當我三十七歲開始練習冥想，短短幾年間，那些記憶鮮明地浮現在我心中。一開始我憶起的是青少年時期的事情，接下來是兒童時期，然後漸漸地，我的記憶往前延伸。無論我們是否覺察，心識時時刻刻都記錄著我們的所作所爲。心識如同一部攝影機，從不停歇。這也是爲什麼催眠能讓人想起過去發生的事。

正式的冥想可以修練我們的心識，這裡指的冥想是專注於一個目標上，意識會逐漸回顧過去，展望未來。換句話說，我們本以為自己記不起從前的事，卻開始想起人生中過去的細節，同時我們也發展了直覺——對未來的預感。

每個人都是赤裸裸地從母親體內來到這個世界，縱然我們離世時看起來體面，事實上我們也是「一絲不掛」地離開。人停留在地球上的短暫光陰都是註定好的，哪怕多一秒都不行。有人生來命好，有權有勢、長相出眾、聰明悟性高；有人則不幸，貧窮醜陋、愚鈍無情，但到最後，每個人的命運都如此相似。在生死面前，我們的角色和衣著都不重要，無論是西裝制服還是便服長袍，都無所謂。

人到世上時不帶一物，死時什麼也帶不走，連身體、個性和心識都得放下。我們出生前的命運（這點我們稍後會解釋），活在世上的時間，和往生後的去處，全都取決於我們如何與人互動，與我們在關係中與人相處的模式，從大處到細節，都有影響。我們或許不願承認，但從出生到往生，這些模式確實影響著我們。

我們確實有責任與周圍的人建立關係，即使我們離群索居，或心生放棄，帶著酸溜溜的心態想著：「我不適合跟人來往。」就是這樣一個簡單的念頭，也能主宰我們的生活方式和為人處世的態度。

很多人則採取另一種極端，雖然他們沒有放棄關係，但使出渾身解數，操控、利誘、勸說、收買，甚至情緒勒索對方，只為了得到自己想要的結果。

這兩種策略都沒有效，唯有第三種方法才能讓我們變成關係達人。這種方法記載於古老的亞洲經典裡。當我們運用這些原則創造圓滿的關係時，我們就能享受關係的美好，並且延長感情的保鮮期，這可能是我們現在作夢也想不到的。

現在，我們要你了解並接受一個事實，只要我們活在世上，必得依靠他人。活著就代表我們得學會如何與人連結和相處，也唯有如此，我們才能實現自己的短程與長程目標。這件事沒有捷徑，也沒有藉口，改善與自己親近者的關係，就是最重要也最強大的起點。

水能載舟，也能覆舟。關係不好，就是生命最大痛點，關係好，則讓我們做夢都會笑。閱讀此書，跟人討論書中內容，並且把我們講的理論付諸行動，如此一來，不論你現在狀態如何，都能成爲掌握關係的大師。

我們向你保證，讀完此書，你會具備善於經營人際關係的知識與技巧，把各種關係的稜角摸得一清二楚，遇到再難相處的人也不怕。當你擁有這種能力，你的生活必定無往不利，並充滿喜悅。

瑪麗雅：醜小鴨的心情

「人喔，沒有公主命的話，最好學會什麼都自己來，別以爲王子會拯救妳！再說，妳看過哪部童話中出現獨臂公主？」七歲的瑪莎❶坐在窄小的赫魯雪夫樓（舊蘇聯時期盛行的風格建築）走道地板上，耳邊傳來媽媽這些話。她用能動的那隻手苦苦掙扎了十分鐘，無奈鞋帶就是綁不起來。

我六歲時摔斷了右手臂，由於石膏打得不好，右手完全不聽使喚。我只得學會用左手完成每件事。吃飯、寫字、穿衣還有綁鞋帶，樣樣都得單手來，苦不堪言。單手綁運動鞋鞋帶的困難，恐怕只有親身體驗才能理解。

我媽很擔心我，從小，爲了我好，她時時耳提面命，要我全力用功讀書，將來才能找到好工作，養活自己。

她一向告訴我：「妳的手不太靈活，所以必須要夠聰明，靠頭腦賺錢。好好唸書。妳只能靠自己，別想靠別人，或傻傻的等待王子來拯救妳。」

我與學校裡的其他孩子截然不同，我一心一意用功唸書。每天我就待在家裡，泡在書堆中，寫著筆記，勤做功課。我沒時間和朋友玩，更沒時間注意男生，因爲我知道自己沒有靠勞動賺錢的本事。

當時的我，視只有一隻手能動這件事爲莫大的不公。爲什麼是我？爲什麼這種事會發生在我身上？爲何偏偏只有我這麼倒楣？我多想像其他女孩一樣玩耍、交朋友、做勞作，無憂無慮，開開心心。彎曲的右手讓我自慚形穢，所以老穿著媽媽的綠色長毛衣，好把那隻手藏起來。即使是夏天，我也總穿著長袖。

編按：○為原註；●為譯註。

❶瑪麗雅的小名。

因爲家境簡樸，我們總過著捉襟見肘的日子。我記得每回上市場，都只能挑最便宜的東西買。冬天時，若要試衣褲，我們得站上一個小紙箱，才能勉強照到一小面鏡子。而且，爲了善用每一分錢，我們買什麼都得殺價。

想起當時，我總會眼巴巴看著店裡美麗的洋裝，媽媽卻從沒買給我。

那時候，我最大的夢想就是擁有一件帽T，當時人人都有一件帽T，看起來既時尚又有型，但連這也是我們負擔不起的奢侈品。可能是我一天到晚唉聲嘆氣，日子久了之後，媽媽不得不買一件給我，對小瑪莎而言，得到夢寐以求的帽T可是件大事。

在學校，我總喜歡坐在後排，保持低調。我默默嫉妒著那些受歡迎又活潑的女孩子，因爲她們總能得到校園帥哥的青睞。

當時一天到晚縈繞在我內心的獨白就是：「我這麼醜，這輩子大概都不會有人喜歡我。」

我讀的是下諾夫哥羅德一間普通的學校，冬天是我最討厭的季節，冷得要命不說，我還得穿著笨重的毛皮大衣。再說，學校周圍的路凹凸不平，覆滿冰雪，我好怕自己滑倒摔跤，再次摔斷手。

我記得六年級的某一天，放學後我離開學校正要回家，當時天色已暗。我穿著那件毛皮大衣，緩慢地走下結冰的路，正當我要轉彎的時候，「啪！」一聲，一顆雪球砸中我的腦袋，一群年紀較大的男孩圍著我。他們一邊大笑、嘲弄著我，還用各種難聽的外號叫我，把雪球丟在我身上，還輪流把我推來推去，就是不讓我過他們這一關。我滑跤之後馬上哭了起來。後來，他們玩膩了，就丟下我跑掉。黑暗中，我滿臉淚水坐在冰冷的路面上，久久無法移動，怕得發抖。

高中時，這種狀況也發生過幾次。男生從來不把我當作美女看待，而是把我當作霸凌的對象。我很確定他們永遠不會喜歡我。我下定決心，如果我在學校表現良好，畢業後一定可以找到好工作，永遠不用靠男生。

我篤信媽媽說的，我沒有公主命，也不會遇到開著全白賓士車的王子。我接受「女生墜入愛河，並且過著幸福快樂的日子，是童話中才會出現的情節」。在眞實人生裡，沒有王子，也沒有愛情。這就是童年的我所得到的結論。

現在，當我看著生命中所有的創傷和悲劇時，我發現正是因爲這些困難的時刻和痛苦，我才開始發出這些深刻的疑問，了解這些發生在我身上的事背後的原因。生命早期的困難帶我走上自我成長的路，造就我堅強的性格，並且驅動我追求改變。感謝這段經歷，最後我找到了教導，改變了我的世界觀，也爲我創造理想的關係。

如果你現在正面臨生命的難關，試著抱持開放的心，知道事出必有因，當你過了這關之後，生命必將更加美好，前提是你願意從中學習，且在時機成熟時做出改變。

彼得：牽一髮動全身：一己之行爲對他人造成的影響

我的雙親都是高中老師。我媽媽是一九六〇年代奧地利總統疼愛的表妹，所以在當時算是出身望族。我爸爸從當年到現在，一直是位了不起的歌手、音樂家、本邦游泳冠軍，同時也是傑出的公眾演說家。父親在當地政壇很有聲望，也是本地高中的校長。身爲他們的獨子，我得到許多愛與關注。

家家有本難念的經，我們家也不例外。我們的問題來自父親很少在家，只要當地人民需要他，他便義不容辭，挺身而出。因爲奧地利南方鄉下的就業機會不多，我爸開始在薩爾斯堡攻讀教育理論和哲學博士，所以他就更少和我們相聚了。

母親是一位天賦異稟的鋼琴家，也在演講比賽中脫穎而出。她在校成績很好，但是一九六〇年代，在克恩頓邦（奧地利南方其中一邦）這種鄉下地方，對女性該扮演的角色，想法仍然十分守舊，所以很少有女性可以接受高等教育。因此我媽媽進了師範學院，並且成了高中老師。

從小，我常在夜間飽受嚴重的乾咳和氣喘之苦。醫生診斷爲假性哮嗚，並建議我利用暑假到高山地區休養，以強化肺部功能。我不確定這樣做是否眞的改善了呼吸問題，但那段時光確實令我愉快。到了十二歲時，這些呼吸困擾全都消失了。

某個夏天，當我們又到阿爾卑斯山度假時，母親懷疑父親有外遇，兩人起了爭執。雖然我記不清細節，但那一刻的情緒卻深深烙印在我心裡，我感覺整個世界都崩塌了。當時的我既無助又絕望，恐慌的心情讓我不知何去何從，也不知該做什麼。無能爲力的我，只好試著忘記這件事，就像把它塞進一個黑盒子裡藏起來，這樣我就永遠不用面對它。

對我們來說，父母就像神一樣。在我們人生早期，我們極度依賴父母親，也和他們很親密，所以家庭中發生的一切，都會影響我們未來的關係。這也是爲什麼多數的心理療法都著眼於探討我們的童年，以父母和我們的關係爲核心。

順帶一提，我認爲自己的童年是快樂且順利的。不論是過去或現在，只要想到父母就讓我很開心。我出生在富裕而安全的國家，也在充滿愛的家庭中長大，衣食無虞。我就讀於一流的寄宿學校，而父母也會定期帶我去度假。當我完成了短暫的義務兵役後，便在維也納商學院學習，這也讓我得到前往南非和日本，第一次在海外工作的經驗。

在此，我想強調一點。如果我們看不到身邊的人善待彼此，即使我們身體健康強壯，內心卻可能深受傷害。

人們追求幸福關係的理由或許各不相同，但這份嚮往卻是共通的。當我們感受到被愛，當我們與伴侶、朋友、同事、客戶或工作上的供應商和諧相處時，我們的生活會更快樂、更有意義、更有生產力。當我們與周圍的人融洽相處時，這份幸福感讓我們清楚知道，自己正活出生命的意義。

但重點在於，若我們不懂得如何創造和維持美好的關係，周圍的人就會因我們而受苦。我們知道父母之間的相處方式會對孩子造成深刻的影響。世界上之所以有社會服務機構，就是要在父母無法為子女提供充滿愛的環境時照顧孩子。但這只是冰山一角，此處我們想談論更深層的主題。

每當關係中出現緊張，都會影響到其他人。只要身邊有成年的朋友離婚，他們周圍每個人對持久、和諧、充滿愛的關係，似乎又少了一點信心。只要家庭、團體、組織、社區、城市或國家出現緊張關係時，沒有人不受影響。如果你的冥想練習已達到相當水平，你就能感受到他人的負面想法，如何直接影響我們的心智和幸福。

假想這個情境：某天，一間銀行遭到搶劫，事發之後，櫃檯的出納員要回家。途中，他對公車上坐他旁邊的人大吼大叫。那個被吼的人回到家後，可能第一次對他太太發脾氣，因為公車上的衝突是壓垮駱駝的最後一根稻草，讓他崩潰。而這次崩潰將對他們的婚姻、孩子和孫子產生意想不到的後果。很少人知道，我們生活在一張關係網中，每當這個網的某處「破裂」時，即使我們沒有直接意識到根本原因，每個人都會受到一點「震動」。

你可能認爲要讓人接受「當我們無法建立良好關係時，整個世界都會受到影響」這個說法太牽強。我們怎能爲那些感覺無法控制的行爲負責？

但這正是我們要說的重點：良好的關係不僅是對我們的祝福，能讓我們的生活幸福，還能直接或間接地造福世界。當你單純地與你所愛的特定對象快樂相處時，你所創造的美好能量會對你的社區、朋友、同事、城市、國家和整個世界產生正面影響。

就像那個搶匪引發了一連串不幸的互動，一個善行也能引發一波正向的互動。

有多少次，我們只是對陌生人說一句親切的話或展現愉悅的態度，就改變一位服務生、小販、同事、顧客或供應商的生活。就因爲這樣，這些人不是帶著攻擊性和自我防衛，而是帶著更多快樂和愛回家。你可能不知道，自己無意中的行爲讓某人心情變好，快樂到那天不發脾氣，從而有多少人免於家庭暴力。

如果我們接受第一個例子中，暴力會引起負面漣漪的說法，那麼我們也必須知道反之亦然：我們的善行也會讓關係網絡中每個人變得更快樂、更有耐心、更風趣、更成功。一句善言或一個充滿愛的行動所產生的影響，其潛在觸及範圍可能遠超我們的想像。

所以，如果你需要一些額外的理由來成爲創造美好關係的大師，如果你像過去的我一樣，還沒有愛自己到願意爲自己創造完美靈魂伴侶的程度，那麼就爲了助益他人而行動吧。世界上的每個人都盼望你成功，我們都會因你的幸福而受益，這就是我們希望你創造美滿關係的原因。

彼得：青春期，一團亂

我記得自己第一次性經驗的高點，就是我們稱之爲高潮這件事。當時我十三歲，正在我家公寓的淋浴間內洗澡，地點坐落於奧地利山區的美麗湖泊旁。當時我正在清洗下半身，身體排尿的部分突然變長又變硬。

這東西已經不安分好一陣子了，而且晚上和早上特別愛惹麻煩。只要它一發作，就會變得異常堅硬，早上起床時，我的睡褲看起來就像一頂有根軸心柱的帳篷。這眞是令人尷尬的，但是當時我面臨的還不只這個煩惱，這段改變連連的日子已經夠辛苦了，如果沒人知道或提起這件尷尬事，我何必大驚小怪呢？對我的青春腦來說，如果不提，搞不好它就會默默消失。

呃……結果它並沒有消失。當我繼續在淋浴間洗著這根「柱子」時，突然我覺得越來越舒暢，最後達到狂喜。當然，如果這件事讓人感覺這麼好，而且最後還會有幾秒鐘讓人難忘的極樂境界，那有什麼理由不繼續呢？杜子頂端冒出些白白的東西，有點噁心，但說眞的，這感覺好到讓我懶得在意這份噁心感。

這份體驗發生後我有什麼感覺？你猜對了——自古以來每位少男少女都會產生的念頭：「感覺眞好，再來一次吧！」而這也是一連串麻煩的開端。

有些人一輩子都擺脫不了這再來一次的念頭，還因此摧毀了自己的關係。關係之所以會破裂，並不是因爲這些人很糟糕，而是因爲他們只想一再經驗這份狂喜。我們常聽到「男人用下半身思考」，這句話只對了一半，我認爲當我們處在「獵豔狀態」，只爲了能再次感受到那種興奮時，我們根本沒在思考。當然，我也希望我是那萬中選一的例外，既自制又有智慧，是個誠懇的愛人，對女性體貼入微，不要只顧自己的樂趣……但我做不到。

好消息是，全球金剛商學院（DCIG）的創辦人麥可．羅區格西曾多次說過：

「唯有觸過礁的船長，才懂得如何避開險境。」

當我們學會冥想，並花幾週的時間僻靜，便可以開始在身體不同部份體驗（與高潮相同的）愉悅感，譬如心臟、肚臍或額頭。這些感受可以不因與性有關的想法而升起，也不需要我們搓揉那些部位。

這不禁讓我們思考，我們是否眞的理解高潮背後眞正的道理。如果我們試著培養深刻的慈悲心，而在心臟部位升起與高潮相同的感受，而且持續的時間還更久……那我們做愛時究竟發生什麼事？

且讓我們暫時把這個話題放在一邊，先專注面對我們進入青春期、經歷這段歲月，最終（希望我們眞的順利）脫離這時期所面對的問題。生命中，讓我們正式邁入青春期的，正是覺醒的性能量。它讓我們迷惑，讓我們更有自覺，開始設下界限，對現存的關係產生疑問，譬如我們與母親和父親的關係。

事實上，青春期給我們機會分析自己截至目前爲止短暫的一生，向自己保證，要學習父母身上的優點，而非缺點，更不要重蹈他們的錯誤（家有青少年的父母，笑一個吧☺）。同時，也測試社會、老師與親戚們教給我們的界限和規則。

這時期，我們也迫切需要學到有邏輯，且已受過檢驗的方法，來幫助我們創造圓滿和諧的關係，並知道如何應對他人造成的負面與痛苦的處境。但是，世界上沒有這種培訓，至少我從沒聽過。而周遭的人出於善意提供的建議，不見得總是有用。

當我們遇到生命中的問題時，通常只能想到兩種應對方式：戰或逃。所以在關係中，當我們希望對方改變行爲時，要不就選擇溝通，不然就是爭吵。還有一種可能，是我們覺得這段關係走不下去了，所以決定分手，並尋找更好的伴侶。

不論我們選擇以上哪一種方法，都註定失敗。當我們在青春期運用這些方法時，雖然周圍的人可能不會受到太大影響，但兩個當事人通常必須承受情感上毀滅性的後果。隨著年齡增長，我們與周遭人的互動更緊密，也因此，當我們選擇戰或逃時，周圍的人會受到更大的波及。

在我們二、三十歲時，家庭、社會和自己都期望能「找到」某人與我們共度如此短暫的餘生。如果找不到那個人，就會被無止盡的問題轟炸，像是：怎麼還沒訂婚呀？爲什麼還不結婚呢？什麼時候生小孩？第二個孩子什麼時候出生？爲什麼不好好愛惜自己，找個「更好」的對象？爲什麼你這麼失敗，沒有留住完美的白富美小姐或高富帥先生？（事實上，你們分手是因爲伴侶外遇，但我們卻遲遲不敢講出來）等等。

這就是爲什麼坊間充斥著創造和維持關係的書籍，不同的說法有不同的根據，但是平心而論，我們內心知道，沒有哪一種方法每次都奏效。

儘管有這麼多離婚、心碎、孤獨、痛苦、失去信心和絕望，我們卻還沒放棄，這和我在淋浴間第一次體驗到的暢快感有關。我們的命運就是去解開這個謎題。

這是烙印在我們生命核心的必然。這個關乎命運的神聖之謎，被一股終極的力量刻劃在我們身上，貫穿一切實相：

你可以選擇忽視關係而忍受痛苦，也可以選擇掌握圓滿關係的藝術而享受幸福。

瑪麗雅：羅宋湯

當我滿十六歲那一年，我發現自己很漂亮。醜小鴨翻身了！我變得又高又瘦，擁有金髮、長腿與豐滿的胸部，甚至有人找我去時尚伸展台走秀。我聽從父母的意見，以優異的成績完成學業，進入下諾夫哥羅德的大學就讀建築與土木工程系，想跟隨父親的腳步，成爲土木工程師。

突然間，我開始得到異性的關注，不論走到哪都有人盯著我看，他們蜂擁而上。系上的男同學殷勤詢問我，是否需要幫忙畫建築草圖，並爭相邀請我去學校餐廳吃甜點。就連等公車的時候，也會有豪華名車停下來，想順道送我一程。

當時蘇維埃政權垮台，整個國家一團亂，但是熱錢湧進我國，街上越來越多外國車。我的好友們跟黑幫成員約會，因此我們經常受邀到昂貴的餐廳吃飯。這些情形嚇到我了，這樣炫富式的奢侈，與我出身的家庭格格不入。雖然我偶爾會跟異性搞曖昧，卻沒有談過認眞的戀愛。

實話實說，當時，生活很辛苦。我爸爸從年輕時就相信的理想，居然在一夕之間倒塌，他承受不起這樣的打擊，每天都喝得爛醉。才短短幾年，他從一位前景看好的企業高管，變成一個酒鬼，還丟了工作，讓我們一家人幾近赤貧。我媽媽只好一次做三份工作，才能養活我和我妹。

我深愛父親，卻不知如何幫助他。那時我常陪他出差，但他總是不停地喝酒。他一喝就醉，而我一個瘦巴巴的女孩只能勉強扛著這個大漢回家。回家路途遙遠，先要搭乘大眾運輸工具，再走一段路，前後共需三小時。每次都累得我筋疲力盡，但我堅決不放棄父親。

父親的酒癮讓他和母親頻起衝突，他們針鋒相對的原因總是爲了錢，缺錢是年輕時的我躲也不了的現實。十八歲那年，我遇到一個男人，墜入愛河，一切來得好快。

我們是在市區的大街上認識的。他是個英俊的年輕人，比我年長十六歲，住在莫斯科。

遇到他之後，我不加思索，馬上搬進他在莫斯科的公寓。在前往莫斯科的火車上，我想著，或許愛情與快樂的結局的確存在。看看我男朋友，他多麼體貼溫柔啊！只要他開心，我什麼都願意做。

我男朋友的收入不錯，他不僅是我的初戀，這段感情也讓我有機會過美好的生活。雖然他不是闊綽的大富豪，但在我看來，他賺的錢已足夠讓他成爲經濟強勢的那一方。

我繼續透過函授的方式進行學業，所有空閒的時間都住在莫斯科。我在當地既沒有認識的人，也沒有半個朋友。我也沒特別爲了交朋友而努力，因爲我把所有的心力都放在我的王子身上。誰會料到，要討我的王子歡心，居然得變成家庭主婦，但是爲了他，我願意。

早上我通常會賴床，當我起床時，我親愛的男友已經去上班了。我會花些時間念書，燙襯衫和西裝，再去超市採買，然後煮飯，打掃。這些事情就花掉我一整天的時間。王子最喜歡的食物就是羅宋湯和炸馬鈴薯。他下班回家後，我們會一起吃飯，然後上床睡覺。就這樣，我們日復一日地過下去。

一開始，一切看似美好。但是隨著時光流逝，這種「燙衣—打掃—買菜—做飯」的模式讓我越來越疲憊。此外，不管我有什麼需求，總得伸手跟他要錢。我需要做指甲、上美髮沙龍、想要新的洋裝或靴子，還需要旅費回下諾夫哥羅德的大學……等。如果我需要比較多錢，還得費盡心思證明爲什麼我突然需要這麼多花費。不然，他就會說：「妳去樓下轉角的美髮店就好，爲什麼總得跑到莫斯科市中心去找頂級美髮師？」他不希望我外出工作，所以他是我唯一的經濟來源。在他的理想世界中，我的人生只需要專心煮羅宋湯就好。

或許有些家庭主婦樂意依賴男人過生活，但是我越來越無法滿足於此。「我的人生難道只有這樣嗎？」我自問：「燙衣－買菜－打掃－做飯－買菜－打掃－買菜－做飯－打掃－買菜－做飯－打掃－買菜－做飯，眞的就只能這樣無限循環下去嗎？就這樣？生命中應該有更深刻、更有意義的事吧？難道我生來就只是做家庭主婦的命而已嗎？」

這段關係的結束帶來許多傷痛，原來他有情婦。一開始，我只是暗中懷疑，因爲我無意中看到「維拉迪米爾．瓦西維區」傳來一些奇怪的訊息。某天，他在上班，當時我正在煮羅宋湯，門鈴響了。按鈴的人是一個穿著迷你裙，腳蹬二十公分細跟高跟鞋，上圍豐滿的女孩。她表明身分，說自己是他的情婦，也是女公關。他們初次相遇是因爲他和同事去三溫暖的時候，出自好玩點了她的檯。我當時的震驚程度簡直無法形容。原來他在我們的住處附近爲她租了間公寓，給了她說好要給我的車，還以出差之名，帶她去海邊行玩樂之實！知道這些事讓我心痛不已，我傻傻地煮湯煮了五年，而他居然這樣對我？老天爺太不公平了吧？他不是應該好好愛我，怎麼反而對我做出這種事？

我對男性心灰意冷，也不再相信伴侶關係。做什麼都沒用。我明明做了他要的一切，這段關係還是以分手收場。所以，當時我決定相信母親的話。她說的沒錯，我得自立自強，別想靠他人。我要努力工作，打造成功的職涯。沒有男人我也能過得很好！

彼得：崩潰與突破

年輕時，我曾參加南非基金會的交流計畫，當時，我甚至去了曼德拉著名的議會百日演講，在開普敦度過難忘的三個月之後，我回到了維也納，開始尋找人生第一份「眞正的」工作。

應徵程序的最後一部分需要我跑一趟瑞典，從瑞典回來之後，一九九五年一月二日，我開始在利樂公司工作。這是一家經營良好的家族企業，年營業額達一百億歐元，在全球超過一百六十個國家都設有辦事處。在維也納待了一年後，我調往斯德哥爾摩，加入出口融資團隊，負責向新興市場銷售機器。在瑞典利樂公司金融部門的五年對我往後的人生影響深遠。

瑞典的管理風格貴在建立共識，這也讓我明白瑞典公司在世界各地如此成功的原因。不論是在私人生活還是商業領域，一切都取決於人際關係。當時的我還不懂，我們和他人相處的方式，決定了團隊、企業甚至國家的成功。

在德語系國家，原則上我們習慣由一個人做決定，全體員工跟隨。從小到大，我深信組織就該這樣運作。

在瑞典，決策是透過共識達成的，人人都有發言權！我花了好幾年才適應這種新的思維方式。運用這種方式，有時候決策過程比較耗時，感覺就跟民主制度一樣混亂，但是，一旦做出決定，執行起來就特別順利，因爲每個人都參與了討論。

在這種制度下，由於團隊成員都親自參與決策過程，大家都覺得是在爲自己的目標打拚，自然就不會出現貪腐和內部破壞的情況。瑞典企業和品牌在全球的成功，證明了在決策時給眾人機會發聲，的確是個制勝的管理之道。

在跨國集團工作五年之後，我不想再做幕後的支援工作，而希望走到第一線，直接與客戶打交道。所以二〇〇〇年，我搬到杜塞道夫，一年後去了慕尼黑。到了二〇〇二年，我跟著奧地利軟體公司「溫特海勒」（Winterheller）回到斯德哥爾摩。

「溫特海勒」創辦人曼弗瑞德．溫特海勒教授是個炙手可熱的演說家，倫理和哲學原則是他建立組織的基石。雖然這種方式與瑞典式管理風格大不相同，但正是這種嚴格的職業操守和啓發人心的領導風格，讓該公司在二〇〇三年贏得了歐盟頒發的「奧地利最佳職場」獎項，並躋身歐洲十大最佳職場之列。

不久後，我們與一家瑞典的國際軟體公司展開合作，這份合作讓我們得以在許多新的國家開拓客源。我再次見證，成功與幸福都源於良好的關係。我的職業生涯正值巔峰，生活過得很愜意。

一九九七年，我遇見了第一任妻子。她全力支持我在德國和瑞典兩地的調動。二〇〇五年我們結婚，一年後，我們的女兒薇拉出生了。就在她出生四週後，我的母親因癌症去世。生命的無常與循環對我產生強烈的衝擊，我人生中最辛苦的一段時期由此展開。

有好幾個月，我沉浸在悲痛中難以入睡，工作自然也出了問題。我感覺自己就像一頭負傷的野獸，受人追捕，憤怒之情也隨之高漲。我開始質疑人生的意義，以及自己過去所有的成就。

我太太雖然很支持我，但是，想當然爾，她大部分的心力都放在新生的女兒身上。我也知道自己情緒失衡讓她很辛苦。而工作上，公司的收入養不起新進員工，危機逐漸逼近。過去幾年建立的成就開始受到質疑，我覺得自己以前做的一切都是白費心思，毫無意義，當時的我正逐漸潰堤。

最後，我眞的走到了谷底，整個人徹底崩潰。有一天，我妻子帶女兒出門，我獨自在家，結果事情一發不可收拾，我把新買的整間公寓砸得稀巴爛。從那時起，我們的婚姻每況愈下。儘管我們都努力嘗試挽救這段關係，但我卻難以從低潮中恢復。

為了控制自己的憤怒，我預約了心理治療，但治療結束後，我反而更加煩躁。我花了好幾個小時，付了一堆費用，心理醫生卻只是叫我「不要生氣」，連怎麼做都沒說明。

當時我還不懂，唯有危機才能讓我們變得柔軟，準備迎接新的觀念與改變。生命中的動盪是為了讓我們突破原本的框架，產生美妙、意料之外的變化。但是當我們身在其中，往往無法理解與接納這一點。那時候的我很排斥所發生的一切，不過，**事實上，當我們陷入危機時，正是最能接受改變和新思維的時候**。二〇〇六年發生在我身上的事恰恰印證了這個道理。最後，在二〇〇七年春天，我的人生因為一本新書，迎來了突破。

曼弗雷德．溫特海勒開始教導我如何管理自己的心智，成為更好的領導者，他知道我當時經歷的困境，經常寄給我不同作者的作品，並與我討論成功與人生的本質。二〇〇七年春天，他寄給我一本書，我的人生因為這本書徹底改變。當我讀完那本書的第一部之後，我記得自己哭了好幾個小時，那是我此生第一次理解了人類存在的深層意義。我明白了，我找到了開啓成功人生和美滿關係的關鍵。

這本書名叫《當和尚遇到鑽石》，作者是美籍藏傳佛教僧人麥可·羅區。他不僅是六百年來第一位獲得藏傳佛教格西學位的西方人，更運用這份成就和禪修經驗，創立了安鼎國際公司，將其發展成全球最大的鑽石珠寶企業。二〇〇九年，華倫·巴菲特以約二·五億美元的價格收購了這家公司（這本書現在在亞馬遜上就能買得到，還有中文、法文、德文、日文、俄文和西班牙文等多國語言譯本）。

如果你這輩子只能讀一本書，我眞心建議你讀這本。你一定不會後悔。這本書已經改變了數百萬人的生命，它也以一種難以形容的美好方式，徹底改變你看世界的角度。

這本書以一篇深奧的古代經文爲基礎，闡述並證實了所有經歷都是「自我創造」的事實（我們會在後面的篇章詳細說明）。根據這些證明，我們遇到的所有情境、人物和關係，都是我們過去行爲的映照。

因此，人生中所有事件發生的唯一目的，就是激勵我們不斷提升，隨著我們變得更美好、更有愛心、更誠實、更自在、更強大，我們的人際關係也會不斷提升。

有了這個深刻的領悟後，我立即開始透過禪修練習和研讀ACI課程（ACI全名爲亞洲經典學院，此機構提供精華版的格西（佛學博士）訓練）來訓練自己的心智，這些課程都可以在網上免費學習。正因爲我開始教授這些ACI課程，我在二〇一二年於基輔遇見了瑪麗雅。

那時我開始明白，我們的世界來自於我們心中的種子（這些種子是透過我們的行爲種在意識裡的）。不過，那時的我距離建立親密的私人關係，還有很長一段路要走。

因爲一開始，我只想成爲一名僧人，別無他求。

瑪麗雅：事業

走出地鐵站後，我小跑步進了建築公司的大樓。我在那間公司擔任建築許可的專案經理。像往常一樣，我有點遲到，但就算遲到，我也不能錯過在一樓星巴克買南瓜拿鐵的儀式。我啜了一口最愛的咖啡，嘆了一口氣，然後若無其事地走向電梯。

我不喜歡這份工作。我已經厭倦了爲了批准莫斯科的辦公室和公寓建案，不斷尋找各種變通方案的差事。幾週前，我之所以接受這份工作，是因爲它提供優渥的薪資和福利。我在這個領域已經做了七年，還沒遇到其他工作提供相同的待遇。

當我走進辦公室時，那位擁有一頭紅色長鬈髮的漂亮秘書，刻意對我露齒而笑，那種虛情假意讓我渾身不自在。畢竟，我知道她和老闆暗通款曲，還打算爭取某個部門主管的位置。接著，我走進和兩個男同事共用的辦公室。也不知爲什麼，他們不喜歡我，很少給我工作。整天在那裡裝忙卻無事可做的無聊，簡直快把我逼瘋了。

在我大學畢業，感情失敗後，我決定把心思全部專注在事業上。我眞的很想獨立，爲自己的人生做些重要的事，賺大錢。既然感情不順遂，我想在專業生涯上尋找人生的意義。

每當我下定決心做好一件事，就會全力以赴達成目標。就像小時候專注於學業一樣。爲了達到目的，我必須融入莫斯科的商業圈，在那個圈子裡，每個人都只在乎自己的利益。

也許莫斯科還有另一個不同的商業世界，但我卻陷入了一個充滿欺騙、算計，對人對事都極度自私的環境。同事們再三對我保證：「大家都這樣做。」而我不得不適應這個謊言成爲常態的現實。

說眞的，這實在太難了。我一點也不樂見這樣的職場風氣，更不明白問題出在哪裡。那時候，我的喉嚨總是感覺有個腫塊，讓我難以呼吸和吞嚥。不管看過多少醫生，總是找不到答案，我只得繼續受困於這個無形的喉嚨問題。

朋友建議我找位心理醫生，每週就醫一次，尋找解答。我不清楚這位醫生用的是什麼方法，他會聽我說話，給我建議，但我的生活並沒有太大改變，依然時好時壞。幾年後，因爲看不到成效，我放棄了治療。我的心情不但沒有改善，也無法愛上這份工作，更找不到問題的答案。

現在我明白了，這些不舒服的經驗來自當時的工作環境。我聽到的每一句謊言，都從內部蠶食我。活在一個充斥著欺騙的環境裡，就像背著一車石頭一樣沉重。我時時刻刻都能感受到這份重量。每當人們說謊，或是看到別人說謊，我心中又多了一塊石頭，這份重量日積月累，對我造成莫大的負擔。

辦公室裡有個小廚房，我們常去那裡喝茶吃點心。有一天，我決定和同事聊聊辦公室的氛圍。

「你喜歡你的工作嗎？」我問了一個害羞又親切的女孩。她環顧四周，悄聲說，「不太喜歡。」幾年前我幫忙建立了銷售部門，如今她在那個部門工作。

「那妳爲什麼還要做？」雖然我也是這種情況，但還是忍不住問道。

「這裡薪水不錯，我需要錢。」

「每個人都需要錢。」我說。

「我丈夫是工程師，薪水微薄。我們想買一間公寓——哪怕是郊區的小房子也好。爲了貸款，我需要一份好薪水。」

「你覺得用半輩子的時間還完房貸，就能得到幸福嗎？」

「我希望如此。」說完，她就回辦公室了。

我們是不是常常以爲，只要買了公寓、車子或房子，就足以讓我們幸福？或許我們認為金錢能帶來幸福？畢竟，有錢就能買到想要的一切。然而，許多有錢人還是快樂不起來，因為錢再多也買不到和諧的關係。

我認識幾個事業有成的女性，她們都爬到了高層管理的位置。她們經常不斷設定新目標，攀向新高峰，住在豪華公寓裡，看起來衣食無缺，並且在工作上無往不利。

我認識一位女性，她說，自己這輩子雖然跟各式各樣的男人交往過，卻定不下來。另一位女性則不想要認眞的長期關係，因為她害怕把大把的歲月虛擲在一個男人身上。她說：「男人只會惹麻煩，還是一個人比較好。」

但是，肯定有一些女性既在工作上很成功，又能和心愛的男人維持幸福的關係，不是嗎？雜誌上總會報導這樣的成功案例，社群網路上也有不少人把自己塑造成這種形象。

所以，這種事確實存在。有些人就是能兼顧感情、事業與金錢。但他們究竟有什麼祕訣？爲什麼有些人事事順遂，有些人只在某方面成功，還有些人卻處處碰壁？這只是運氣使然嗎？如果眞是這樣，那我們豈不是只能載浮載沉？運氣的好壞，誰說得準？人生中的一切，似乎都不在我們的掌握之中，也與我們的知識和行動無關。還是說，感情和事業雙贏，其實是有訣竅的？

瑪麗雅：保時捷

有一天，我突然接到朋友來電。

「欸，最近好嗎？還在上班？妳聽說了嗎？他送了她一台保時捷！今晚要不要去她遇到那個有錢男友的夜店晃一晃？妳打算穿什麼？」

「什麼？保時捷！哇！好，就去那家夜店，但我不知道該穿什麼！」

「下班後我們去妳公司附近的商場買新衣服怎麼樣？」

「好啊！待會見。」

幾個小時後，我們已經在商場的服飾店挑選衣服了。我這個朋友很有品味，立刻就找到了合適的洋裝──一件深V領的小黑裙。「這可是經典款，」她得意地說：「直擊男人的心，誰都躲不掉……尤其是我未來的老公。妳就選這件粉色性感上衣吧，配緊身牛仔褲和高跟鞋，完美！」

我偶爾會在時裝秀和平面拍攝中當模特兒，認識了不少圈子裡的女孩。那時候，似乎每個人都在找有錢的老公，夢想住在盧布廖夫卡（莫斯科著名富人區），開著保時捷到處兜風，點最貴的紅酒。那時的我們，以爲這就是幸福的模樣!!!

我很喜歡當模特兒。雖然大多時候我都無償做這份工作，但偶爾也能賺到錢。這是灰暗辦公室生活中的一道亮光。下班後，我前往攝影棚或商店，工作團隊已經在等我了。他們會先幫我做頭髮和化妝，讓我穿上漂亮的衣服，然後在拍攝時讓我「盡情展現自我」。

我記得他們教我該擺什麼表情：「放輕鬆，嘴巴微張，嘴唇稍微噘起，輕輕呼吸，現在假裝妳征服了所有男人，隨時準備用髮簪刺穿他們的心。」

他們的要求，總被我當成耳邊風，而且我覺得張著嘴並不適合我。一聽到那些指令，我耳邊立刻響起父親的話：「只有白癡才會嘴開開的。」爲了追求一張完美的照片，每一個衣褶，每一縷鬈髮都必須精確定位，有時候得花上兩個小時才能完成。造型師、化妝師和髮型師，整個團隊都動員起來，努力達成這個目標。所以，拍攝結束後，總少不了香檳慶祝。

當了模特兒後，許多門路都爲我開啓。我收到所有酷炫派對和社交活動的邀請，在莫斯科上流圈子裡認識了很多人，也不乏富有的追求者。雖然沒人送我保時捷，但我想要的東西幾乎都能到手。衣服、珠寶、餐廳、旅行，應有盡有，除了愛情和幸福。

彼得：誤解僧侶代表的意義

無論在什麼文化或歷史背景之下，只要談到成功，有個放諸四海皆準的法則，而這個法則也適用於良好的關係。最準確描述這個法則的兩個字，就是「放下」。這個概念有兩個層次：層次較高的人能理解我們的行爲會種下種子，並創造出我們的現實；層次較低的人則無法理解這點。

即使是在較低的層次，我們也要先學會停止無效行爲。如何停止無效行爲呢？當我們能認識到自己過去的行爲不僅沒帶來快樂，反而是造成自己和他人不快樂的根源時，就有機會。一旦我們願意認眞看待這個基本觀念，並停止讓自己不快樂的行爲時，我們通常會做出一些改變，例如戒掉某些食物、不再一味追求財富累積（沒有意義的目標），也會改變與異性以及和他人的互動方式。如果我們心意堅決，這種「放下」的觀念可能會讓我們萌生退隱之意，選擇出家，成爲比丘或比丘尼，全心投入於戒除不良行爲。當我們認識到自己需要改變時，自然而然就會建立基本紀律和道德準則。

我在領悟到「世界來自我的創造」之後，就開始有這種想法。我想效法麥可．羅區，研究並了解人如何以行爲創造自己的世界，我渴望開始禪修，遠離一切外界紛擾，包括當時的人際關係，因爲這些在我心中已失去重要性。

直到現在，我還是會時不時強烈渴望過著與世隔絕的簡單生活，不用擔心該如何與他人相處。但說實在的，當我出現這種心態的時候，幾乎都是出於某種絕望、沮喪，以及不肯爲他人著想的心理。雖然在某些時候，比如深度禪修期間，獨處確實有其必要性，但光是這種基礎的、低層次的放下，並不足以幫助我們達成目標。

二〇〇九年，我在亞利桑那州著名的鑽石山禪修中心第一次見到麥可．羅區，我感謝他的著作與教導帶給我的影響，而他的回答卻令我驚訝。他說：「不用謝我，這些都來自於你。這些書籍、課程，甚至包括我的出現，都是因爲你在過去做過類似的事，種下了這些種子。」後來我才明白，正因爲一切都源自於我們自己，感恩就成了回應所有美好事物的唯一正確方式。

那次初訪鑽石山的尾聲，麥可．羅區格西請我協助在歐洲舉辦DCIG的活動。DCIG十二門基礎課程和進階課程的內容，解釋了我們該採取哪些行動，爲生命中各種美好結果種下種子。其中第一階課程著重在如何創造財富，第二階的主題是尋找人生目標和熱情，第三階談的是實用禪修，第四和第五階則與人際關係相關。

在那段開疆闢土，充滿動力的歲月裡，我一再聽到麥可．羅區說：「提升自己最有效的方式，就是透過親密關係。」有一段時間，我充耳不聞。我把這句話當成提醒別人要知足常樂的話，認爲眞正的幸福之道在於獨處和出家。這是個相當狹隘的想法，但當時的我被自己的傲慢蒙蔽了雙眼。

麥可·羅區格西與兩位作者在教授瑜伽。

麥可・羅區格西與兩位作者在教授金剛商法。

最終，我恍然大悟，他不想浪費時間繞圈子，只想直接了當地點醒我。現在我非常肯定，如果我們想加速成長，親密關係就是最快速、有力，且最美好的方式（請注意，他從沒說過這是「最容易的」）。爲什麼？因爲最親近的人就像一面活生生的鏡子，映照出我們過去的行爲，幫我們及時看清自己需要改變的地方。如果想知道如何變得更快樂，我們只要檢視伴侶身上什麼特質讓我們不舒服，然後停止自己做相同的行爲就好。

這個領悟激勵我採取行動，把我們教授的內容付諸實行。在接下來的章節，你馬上會讀到「筆」和「四步驟」兩個古老工具。我就是運用它們創造我的靈魂伴侶，也是此生摯愛——瑪麗雅①。

---

①筆的故事和四步驟都收錄在本書第二部。

瑪麗雅：幻想破滅，找尋意義

每段感情剛開始時總是很美好，但漸漸地，浪漫的感覺褪去，衝突和誤解一一出現。我總難以在感情中找到意義和深度，最後只好以分手畫下句點。這樣的情況一再發生，讓我不禁質疑：難道這世界上眞的沒有美滿的關係嗎？

爲了讓自己不去想那份令人窒息的工作和種種困擾，我開始四處旅行。單純地放下一切出走，就能療癒人心。只需要買張機票，就能飛離所有煩惱，這讓我感到無比自由。我認爲人一生至少應該享受一次這樣旅行的喜悅。當我們心裡難過，當工作壓得我們喘不過氣，當生活不如意或心碎時，我們可以乘著飛機到另一個世界，去新的地方，看看新的面孔，嘗試新的體驗。

我想逃離日復一日重複的生活，換個環境，好好放鬆。而且，我覺得只要出走，就能退一步看清自己的掙扎，傾聽內心的聲音，做出明智的決定。

許多書籍和電影，像是《項塔蘭》《海灘》和《享受吧！一個人的旅行》，都描寫了主角透過旅行改變人生的經歷。這些故事激勵我和朋友們一起環遊世界。我們的目的不是要尋找問題的答案，而是想轉移注意力，並體驗嶄新、鮮活的情感。

我去過很多國家。這些旅行常常帶給我深刻的印象，暫時緩解了平日工作的憂傷、憂鬱和灰暗。我爬過吉力馬札羅山，在南非最高的橋上跳傘，走遍歐洲和亞洲。但時間一久，旅行失去了原有的樂趣。

每次回到家，我的心情總是變得更糟，那些積累的未解之事在我離開期間越發沉重。現實變得難以忍受，痛苦不堪。因爲我眞的不知道該如何對抗生活中的壓力和虛無感，因此我開始酗酒。

我記得自己站在租屋處二十一樓的窗前，望著被白雪覆蓋的莫斯科，心中毫無頭緒，我不知道自己該做什麼，也找不到行動的原因。看著樓下的行人，各個匆忙地趕往某處，車輛川流不息，駛向確定的目的地；而我就這樣站在那裡，看著這一切，卻驚恐地發現自己不知道爲何而活。

直到後來，一趟旅行徹底改變了我的人生。那次我造訪羅馬，漫步到我最喜歡的聖彼得大教堂。直到今日，它的規模、宏偉和美麗仍然讓我驚嘆。

那裡有種特別的感覺……一股引人入勝的力量。當我穿過遊客群緩緩繞著教堂走時，注意到一扇被黑布遮蓋的門。一位守衛站在門旁阻止遊客入內……卻沒有攔我。當我走近那扇門時，守衛突然拉開黑色布簾，點頭示意我進去。

「我可以進去嗎？」我問道。

守衛一動不動，只是默默點頭，眼神投向布簾後的門；於是我走了進去。那是一間小房間，我一踏進去就感受到一股特殊的力量，我的意識彷彿因此暫時開展。裡面有七個人，各個雙臂交叉抱胸，圍著一座刻有天使的美麗祭壇祈禱。

離開教堂後，我察覺到一種奇特的感覺；好像我能讀懂路人的心思。我很清楚街上的人所發生的事，還有他們在想什麼。人們只是從我身邊經過，沒有跟我交談，甚至沒注意到我，但我卻能聽見他們的想法。一位老婦人背痛難耐，一個年輕男子剛和女友吵架，爲此憂心忡忡，另一位女士在想著住院的丈夫……一切如此發生，就好像我能看透每個人的內心。

這時，我猛然意識到一個不堪的事實：這裡居然沒有人是無憂無慮，開開心心的！每個人都有自己的困擾。我領悟到：「**只要我們只想到自己，就永遠不可能全然快樂**。當周遭有這麼多人過得不開心時，我們怎麼可能獲得眞正的幸福呢？從那一刻起，我明白了我的命運，或說所有人的命運，就是讓每個人都能快樂。而這份快樂可不是只有五分鐘，一天或是一年，我希望每個人都能擁有恆久且不消退的快樂。」

彼得：筆與種子

想像我在你面前舉起一支筆，然後問你：「這是什麼東西？」

「這是一支筆啊。」你會這麼說。

「現在假設有一隻小狗剛好走進房間。想像我彎下腰，把同樣的東西遞給狗。你覺得狗會有什麼反應？」

你可能會想一想，然後回答我：「我猜狗會咬它吧。」

「這隻狗看到的，跟你看到的是不是同一個東西？」我可能會這麼問。

「是啊，是同一個東西。」

「很好！你覺得呢，狗看到這個東西的時候，會把它當作筆嗎？」

「嗯，不會，牠們不會把它看成筆。牠們會把它看成……某個可以咬的東西。

我們可以說狗把它當作磨牙玩具。」

「所以說，人類把它看成筆，狗把它看成磨牙玩具？」

「沒錯。」

「下一個問題：誰對？人對，還是狗對？」

你可能想了一會兒才回答：「我猜我們都對。畢竟，人類能把它當筆用，狗能把它當作可以咬的東西。所以，我們都沒錯。」

「很好。下一個問題。如果我把這個東西放在這張桌子上，所有人類都離開房間，所有的狗也都離開房間。當房間裡一個人（或一隻狗）都不剩的時候，這個東西到底是什麼：是筆，還是磨牙玩具？」

你可能會想得更久一點，然後大概會聳聳肩，像全世界數百萬人一樣回答：「我想，在那個時刻，當它就只是靜靜地躺在桌上，而且所有人都離開房間時，我們實在說不準它是筆還是磨牙玩具。在那個特定時刻，它兩者都不是，就只是個東西……某種程度上，它可以變成任何一種。」

「很好。我們很喜歡『可以變成』這個說法。有點像是一個空白的電影螢幕，等待著有人打開投影機，把影像投射到螢幕上。那麼，如果人走回房間，會發生什麼事？桌上這個東西會變成什麼？」

「呃，只要人類一走進房間，這個東西就又變回筆了。」

「很好。那如果不是人類，而是狗走進房間呢？桌上這個東西又會變成什麼？」

「嗯，那樣的話，它就變成磨牙玩具了。」

「好。那讓我再問你一個問題：如果這個東西只有在觀察者進入時才會成爲某樣東西，那麼這個東西本身的性質（以下稱「自性」）到底是來自這個東西本身，還是來自觀察者呢？」

你回答：「如果這個東西只有在人類走進房間時才變成筆，在狗進來時才變成磨牙玩具，那麼『筆』這個概念一定是來自人類的心智，而『磨牙玩具』則是來自狗的心智。」

「完全正確！」

一旦我們理解上述原理，我們就能徹底理解生活中的種種事物從何而來，不管是成功的事業、美好的伴侶，還是美滿的關係。我們從來沒有這樣仔細思考過。但如果眞的這樣想，事情就再明顯不過了：

我們世界中的一切都來自於自己。

不過，事物究竟是如何從我們而來的呢？我能不能只是練習「正向思考」，就讓那支筆變成別的東西？我能不能光是許願就讓我的丈夫變得更有愛心？或是改變我的銀行帳戶餘額？我們都知道這招行不通，我們會在第二部分詳細解釋。

然而，一旦我們學會並掌握**「世界如何從我們而來」**的道理，我們就眞的能創造生命中的一切，不管是我們的伴侶，還是我們想在他們身上看到的特質，或是我們的銀行帳戶餘額，以及我們一直在尋找的快樂。

先透露一點，我們的心智就像錄影機。我們所做的一切、說的每句話、想的每個念頭，都被記錄在我們的心智中，透過我們的覺知，這些記錄都被包含在我稱之爲「心識種子」的東西裡。當條件成熟時，這顆種子就會開啓，一個光明的影像就會浮現，創造出一個新的實相，在這個實相中，我們被迫感知到一個與我們種下的情境相似的狀況。

在深入探討「種種子」的方法與細節之前（本書的第二部會專注探討這個主題），讓我們先飛快說完我們初次相遇的夢幻故事。

瑪麗雅：美夢的確會成眞

很少年輕女性像我一樣，在生命早期就體驗過這麼多不同的經歷。看來我什麼都試過了，從在家煮羅宋湯到追求一台保時捷，我多方嘗試，就爲了體驗一段美好又充實的感情。但我在任何事物中都找不到滿足感，也不快樂。我腦中一直擺脫不了這些疑問：

「爲什麼有些人這麼幸運，而其他人卻如此不幸？」

「幸福關係的祕訣是什麼？」

「關係的意義是什麼？」

「人眞的需要關係嗎？」

「人爲什麼會活在這個世界上？」

小時候，我們都幻想過完美的世界和美滿的關係。隨著時間推移，生活的種種不如意讓我們逐漸失去信心，我們不再相信奇蹟，也不再相信最珍貴的夢想能夠實現。現在我要告訴你一件事，但你聽了可能不相信：

「什麼事都有可能發生！」

如果你了解事物運作的方式，了解我們自己的行爲、言語和思想如何創造我們的實相和周遭的世界，你就能與所愛之人創造一段令人難以置信的、美妙、深刻且非常親密的關係。不僅如此，你甚至能把現有的關係和你的摯愛轉變爲你理想的樣子。

我領悟到原來生活可以如此不同。重點不在於努力在每件事中看到正面意義，也不是忽視問題。而是徹底搞清楚這些情況爲什麼會發生在你身上，爲什麼你會遇到這些人而不是其他人，爲什麼你得經歷某些鳥事，而不是你渴望的事。

因爲我生命中遭遇過許多問題和挫折，所以我一直在尋找那些困難又深奧問題的答案。有一天，我「意外地」聽到了美國藏傳僧人麥可·羅區格西的演講。在這場演講中，我找到了所有問題的答案，而在那之後，我很快就遇見了我未來的丈夫，一個叫彼得·梅拓的奧地利人。

妳曾經體會過那種感覺嗎？當一個男人看著妳時，透過他的眼神，妳突然發現自己像完美的天使？那個人在妳身上看到了某些特質，是妳本來以爲自己沒有的。妳習慣了不完美的自己，總是過度在乎自己的缺陷。然後，當他注視著妳時，妳蛻變成某種完全純淨的、非凡的、崇高的存在。在那一刻，妳成爲他眼中的天使。這就是我遇見彼得時的感覺。

事情是這樣開始的：

某天，我的手機在外套口袋裡震動。我拿出手機，讀著朋友發來的訊息：「今晚一起去聽著名講者的演講吧。有家銀行邀他來演講，我有票。」

「講者是誰？」

「麥可．羅區，《當和尚遇到鑽石》的作者。這位僧人創辦了一間公司，營業額上億美元。」

「沒聽過。」

「一起去吧。所有銀行員工都會在那裡。說不定能認識有趣的男人。」

「是嗎？……好吧，反正也沒事做。」

在演講現場，我選了個離舞台很遠的位置，坐在這座大劇院二樓的夾層。以防萬一。莫斯科教會我不要輕易相信任何人。這裡有太多騙子和江湖術士，所以我想遠遠地觀察這個講者。

雖然我沒辦法完全理解他講的內容，但他的演講確實很不尋常，也很有趣。在自助餐區休息時，我決定問問同桌的女孩：「麥可．羅區真的從零開始，創辦了一間兩億五千萬美元的珠寶公司嗎？一個藏傳佛教僧侶怎麼有這種能耐？」

那女孩眯著眼看我，咕噥了句「誰曉得」，就轉向別處了。

也許這全都是騙局和假象？不過，我還是聽了下半場演講。

感覺麥可．羅區格西說的每一件事都很有道理。他的話語中有一種眞實感和善意，讓我想試試他的方法。演講結束時，羅區建議大家做個冥想。事實上，這是最古老的藏傳冥想。

「來了來了，騙術要開始了！」我心想，「現在他不是要催眠我們（我媽就遇過這種事），就是要我們把錢都給他。哼，我學過NLP神經語言程式學，我懂這些把戲！現在我就看他要玩什麼花招。我才不會乖乖聽話，閉上眼睛。」

接著，很奇怪的事發生了。他在冥想中說的每一個字都如此眞誠、如此善良、如此充滿愛，讓我不禁淚盈於眼。在我的世界裡，從來沒有人用這樣的方式談論善意、慈悲和對人的愛。我這輩子第一次聽到這種冥想。

幾週後，一個從前的商業夥伴邀請我和他的朋友共進午餐，其中一個人說了些很有趣的事。然後我發現，眞巧，我遇到了麥可格西那場演講的翻譯員。後來我們變成朋友，常常一起吃午餐。他告訴我很多難懂但非常有趣的事，主要都跟我們的世界如何運作有關。

有一天他打電話來提議：「既然妳對麥可・羅區的教導這麼感興趣，這週末就跟我一起去基輔吧。他的一位親近的學生要去教學，我會在那裡翻譯。」

「我不確定耶。去基輔的機票很貴，還要訂旅館……我得再考慮一下。」

「培訓的主辦方爲我和講者租了一間大公寓，有三個獨立的房間。一間是講者住的，一間給我。如果妳想來，我可以安排妳住第三間。這樣妳就省掉住宿費了。一起來吧？」

「好吧，既然你也在，我就去吧。」

在基輔那場培訓的第一天，生命被我劃分成「之前」和「之後」。在講者用邏輯證明了我們生命中的一切，都是我們自己過去的行爲所創造後，我走到陽台上，陷入沉思，數百個人生場景在我腦海中閃過。我意識到每一個場景都是我自己創造的，它們以閃電般的速度在我腦海中掠過：

爲什麼我小時候摔斷了右手，從此就再也不太能用了。

爲什麼我會不喜歡自己的工作。

爲什麼第一任男友會背叛我。

爲什麼即使我的感情順利美好，我也難以感到快樂和滿足。

在過去幾年裡，我一直在無意識地尋找著某種東西，一直在試圖理解生命的意義……試圖明白我在這裡的目的是什麼。我不相信人來到這世上，就只是爲了賺錢、上咖啡館和電影院、組建家庭、一年出遊幾次，一定還有更深層的意義。而在基輔的這場培訓中，我生平第一次聽到有人說出了眞實、深刻而重要的事。我全身心都感受到了。

晚上，我回到我們租的公寓，還沒有人到家。大約兩小時後，門鈴響了。我打開門，是培訓課程的老師。

「你好，我也住在這裡。」我用英語咕噥著，伸出左手。他驚訝地看著我，往後退了一步，看了看門牌號碼。

他顯然以爲自己找錯門了，臉上的表情顯示出他完全不知道我也住在這裡。

我用破英文解釋，活動期間我們都會住在同一間公寓。

我著急了：這個翻譯現在跑哪去了？電話也不接！居然把我跟一個我幾乎不認識的老師獨自留在這！我的英文很差，無法好好溝通。

跟不認識的男人獨處實在太不自在了！我決定去咖啡館等我朋友出現，以避免場面尷尬。

我叫了計程車。

「我們現在沒有車可以派。」接線員快速說完就掛斷了。很奇怪，基輔明明計程車滿街跑。好吧，我打給另一家車行。「我們無法前往這個地址。」又一位服務人員說完立刻掛掉。這些人是怎樣?!我打給第三家。還是沒車。然後，我的手機沒電了。我翻遍包包才發現充電器忘在家裡。完蛋了！我哪裡也去不了。我住在這個鳥地方，附近沒有咖啡館，也叫不到計程車。

現在我只能跟那個人溝通了。好吧，也只能這樣了。

「我叫瑪麗雅。」

「我叫彼得。」

然後奇蹟發生了。像電影劇情，更像童話故事，當我們開始交談，彷彿整個世界都消失了，只剩下我們兩個人在這房間裡，坐在深藍色的沙發上。感覺我們認識了很久，不只是一輩子，更絕對不只是幾個小時而已。

這個來自奧地利的奇特矮個子男人注視的不只是我的雙眼，他直接看進了我心裡。彼得對我說了些很奇怪的話。比如，他要我做瑜伽的下犬式，而我回答說我不運動。更奇怪的是，這些發生完全不讓我覺得尷尬。笑過之後，他解釋了他的意思，然後我做了「下犬式」。接著他說我能輕鬆做好冥想，因爲我的髖關節夠開，方便盤腿坐。他說我的目光很穩定，我的眼睛能長時間凝視一物。

我們聊了一整晚，翻譯朋友始終沒有出現。第二天彼得向我求婚，他說：「讓我們一起開悟吧。」

「開……什麼？」我問道。

「沒關係，這不重要，妳遲早會懂。我們只要在一起就好。」

兩個月後，我搬去瑞典和他同住。

從二〇一二年起，我們就一直在一起，並且在美國、瑞典、俄羅斯，最近在巴黎，四個國家各舉行了一次婚禮，同時也在巴黎發表了這本書的俄語版。彼得是我

艾菲爾鐵塔下，彼得與瑪麗雅深情凝望彼此，美麗的愛情在巴黎綻放。

的老師，也是我最親近的人。多虧了我們在這本書中分享的知識，我創造了我夢想中的男人，和一個我從前想都不敢想的人生。我們住在歐洲，每天一起冥想和做瑜伽。我們永遠互相支持，在過去十年裡，我們形影不離，少數分開的幾次，時間也不超過一週。

我們向全世界數萬人教授斷金剛系統，擁有一個成功的線上課程企業和慈善機構，致力於保存、掃描和翻譯古代亞洲智慧典籍。我終於找到了自己的天命，做著我熱愛的事。我有多重身分，我成爲翻譯、亞洲哲學老師、助理教授、企業教練、創業家、部落客、顧問、冥想和瑜伽老師，現在還是作家！

最重要的是，我成爲自己夢想中的女人。說起來難以置信，但這些年來我們的關係越來越好。彼得經常送我鮮花和禮物，照顧我，下廚，甚至洗碗！他支持我的工作，發掘我的新天賦，他總能讓我對生命的目標和我們所做的每件事充滿熱忱。現在連我媽都對他說：「你把她變成了公主！」

彼得：種子是怎麼發芽的？

宇宙中有一條法則，只要遵循這條法則，沒有得不到的幸福：不管我們想得到什麼，先把它給予別人。因爲我們的行爲會在自己心中種下種子，所以我們必須對自己的行爲、言語和想法有意識。當這些種子發芽時，我們爲他人做的事就會回到我們身上。在古老的藏傳系統中，這個驚人的普世眞理，屢屢被描述並證實。經典告訴我們，這世界只有我們的種子所創造的事物，其他事物並不存在。

但是，這個概念要如何運用在關係上呢？那我們就得先問，一段關係的基本種子是什麼？一般來說，關係代表我們想和所愛的人共度時光。因此，我們必須先把時間給予需要我們陪伴的人。所以，當我們感到孤單時，可以種下讓別人想和我們相處的種子。我們不需要再「尋找那個人」或試圖「找到」伴，先找到享受我們陪伴的人，然後陪伴他們一段時光，這樣就可以幫我們種出伴侶。

這些種子什麼時候會發芽呢？嗯，如果你不知道自己在做什麼，可能要花上數百年，這可不行。因此，若想確保這些種子快速發芽，我們必須嚴格遵循四個步驟，這能保證快速且強大的結果，特別是第四個步驟。在古代文獻中，這四個步驟被稱爲「完整的行動之道」。行動或做某事的古老說法是業力，更好的說法是心識種子。

這些古老的原則已經被記錄、測試並驗證了超過四十四代。在全球實踐這套種子系統的社群中，我們不斷見證成功案例，從財務、伴侶關係，到改善與客戶、老闆、同事、員工和競爭對手的職場關係。種子法則讓這些關係突然轉變，讓伴侶關係改善，讓事業夥伴的合作更順利。

閱讀成功故事固然很棒，但理解並從這份古老智慧中受益的關鍵是親自嘗試。當我們應用這四個步驟，並親身獲得結果時，我們對於如何創造生命中每個層面的信心和理解就會增長。因爲這份理解，我們從懷疑中解脫，最終得到永不消退的快樂。

當我開始種植我的伴侶時，我的腦中已經對上述的道理深信不疑，也因如此，瑪麗雅才出現。我知道我必須向自己證明這個創造實相的理論眞的有效。我必須透過四步驟計畫取得成功，如此一來，我才能成爲更好的教練，並以身作則，啓發他人嘗試同樣的實驗。

以下，我將爲你講解幾千年來人們使用的簡單四步驟，這也是我用來種出完美靈魂伴侶的方法：

一、決定你要什麼

我想遇見我命中注定的那個女人，墜入愛河，並永遠幸福地與她在一起。

二、找一個想要相同事物的人

我必須找到一個孤單的人。在現代社會中，老年人是最常感到孤單的族群，他們是種植伴侶種子的理想對象。所以，我去了養老院（這也是我們對所有想要種伴侶種子的人的基本建議），選擇了一位長輩。

三、給出你想要的，以此幫助那個人

第三步驟幫我們種下種子。連續好幾個月，我固定拜訪一位老先生，每週花大約兩小時陪伴他。因爲種子會以倍數式成長，所以，我們得到的時間會比我們種下的多得多（請見本書第二部分的「種子定律」）。

四、爲你的善行感到歡喜，最佳時間是睡前

這關鍵的第四步驟讓種子快速發芽。每當我們歡喜地回想種下種子的行爲，回憶執行細節和我們帶著喜悅的動機時，種子會長得更快並且倍增。如果我們帶著這些想法入睡，這個過程甚至會在我們睡覺時持續進行。

如果我們遲遲沒進行第四步，前三個步驟種下的種子可能會在我們心中停留數百年，而且更令人沮喪的是，很久之後，當那些好的種子終於開花時，我們也沒辦法把那美好的結果，連結到當初所種下的因。不僅如此，我們還會繼續誤解世界中的事物究竟從何而來，其中，也包括美好關係的來源。

在時而興奮，時而艱難的種子播種期裡（我們對於種出結果經常過度積極，但這份渴望反而可能拖慢我們收穫的速度），我運用了所有可用的冥想和種子系統技巧。另外，我也研究並實踐如何種出我想在愛人身上看到的特定品質，而這些技巧也能用來改變目前的伴侶和關係。

我們常感覺這世上發生的事絲毫不受自己控制，只能任由外力擺布。但是，當這些帶著覺知、透過四步驟種下的種子開花時，周遭的現實就讓這個世界的發生如我們所願。然後，感覺起來好像一切都隨心所欲。

不知道爲什麼，一直以來我都很確定我的眞命天女就叫瑪麗雅。爲了種出我想在她身上看到的四個特質，我可是卯足了勁。第一個就是美貌（如果種子眞的有效，爲什麼不爲自己設計一個絕世美女呢？），接下來是智慧（多年來，我學習這些古老的智慧，如果要我跟一個對智慧毫不感興趣的人一起生活，簡直要我的命），還有熱情（我的祕密座右銘是「什麼都可以，就是不能無聊」，畢竟我得跟這個人相處到天荒地老），最後一個則是愛（如果她不愛我，這段感情還有意義嗎？）。

多虧黃金屋冥想，我已經對她的美貌頗有把握，但是想歸想，當種子開花，而她眞的出現在我眼前那一刻，還是讓我驚嘆不已，且讓我訴說這個經過。

在某一場於基輔舉辦的ＤＣＩＧ研討會上，麥可格西請我回到基輔帶領一群求知若渴的學生深入學習。二〇一二年八月底，我從斯德哥爾摩飛到基輔，正準備首次獨自帶領三日課程。當地的主辦者伊格爲我預定住宿，並告知我翻譯也會住在同一個屋簷下。

星期六晚上，我拖著疲憊的身軀回到住宿地點。那天我教課教了整整十個小時，從冥想、瑜伽講到種子系統，當電梯緩緩上升到七樓時，我滿心期待能夠好好休息。我把鑰匙插進公寓門鎖，但門打不開，我只好按鈴。開門的是一位又高又美麗的金髮女士，她說：「嗨，我是瑪麗雅，我也住這裡。」

一開始我疑惑不已，還特別後退一步，再次確認門牌號碼，我想自己應該走錯地方了。

瑪麗雅對著我伸出左手，並且告訴我門牌號碼是正確的。伸出左手這件事很不尋常，因爲這對我當時在做的練習深具意義。然後她做了一個手勢，這個手勢對我來說是特別而神祕的，因爲這是我在冥想中接收到的訊號。

有一個古老的練習教我們創造一個祕密訊號，當我們在未來遇到自己的人生伴侶時，他們會做出這個祕密手勢（稍後，我會講解這個練習）。自從我開始做這個練習以來，唯一對我比出這個手勢的就是她。我頓時一陣茫然，不知所措。

即便在突破的當下，我們的心仍試圖將一切平凡化。但這些方法本身就不尋常啊！

一開始，我實在不知道如何消化這份驚喜，所以先躲回主辦爲我安排的房間，等到情緒稍微平復下來，我到客廳找她聊天。那個晚上眞是不可思議，當時發生的一切細節只有我倆能細細品味了。經過那一夜，我非常篤定，我終於遇到我一直在等待的人，所以隔天早上，我毫不猶豫地把自己的公寓鑰匙給她，並邀請她盡快與我同住。

接下來的兩週，對我來說簡直度日如年，當中參雜了一些不確定性跟八點檔似的劇情上演，不過不到一個月後，我們就決定要一起住在瑞典。又過了一個月，我去下諾夫哥羅德會她的母親和家人，歷經一番小風波之後，我們終於住在一起了。

從那天起，至今已經十年，我們雖然偶爾小別，卻不曾久別，不管到哪裡都形影不離。我們一起生活、愛著彼此、一起冥想，一起用功，並旅行全世界教學，中國、日本、美國、俄羅斯、烏克蘭、哈薩克、墨西哥，當然歐洲也少不了我們的足跡。

這就是我夢寐以求的生活，但我以前想都不敢想。最重要的是，我們透過種子培訓系統啓發了很多人，觀眾可以感覺出我們的眞誠，他們也知道我們不是空口說白話，而是活榜樣。信任帶來勇氣，因爲我們，很多朋友也開始嘗試這些方法，成功地改變了他們現在的伴侶，或是創造了新伴侶。

我們的任務就是幫你達到相同的結果。暫時先放下你的人生到目前爲止所發生的一切，不管你幾歲、財務狀況如何、住哪裡、教育程度如何，或是你覺得自己身材好不好，這些都不重要。你甚至可以暫且放下自己看待目前伴侶的方式，儘管種下自己想要的完美靈魂伴侶。

我們希望你可以運用這本書和我們的課程教導的四步驟，搭配冥想練習，進行個人實驗。你可以選擇改變目前的關係，也可以創造一個新伴侶。別懷疑，即使是有伴的人也可以升級自己的伴侶。試試看吧，反正你也沒什麼好損失的！

瑪麗雅：冥想與伴侶關係的關聯性

在我認識彼得之前，我的世界裡根本沒有冥想，就連這個詞都沒人提過。現在這是我最喜歡的晨間定課，就跟刷牙一樣重要。早上起床洗完臉，打理好自己之後，最重要的事情就是馬上整理心智。

冥想不只是一股風潮，幾世紀以來，亞洲的古聖賢不斷運用這些技巧鍛鍊自己的心智。冥想幫我們培養專注力，給我們機會在大腦中建立新的神經連結，或種下新的心識種子，好創造成功與幸福的原因。至於這一切要怎麼發生，我們會在後面的章節解釋。

因爲我個人經歷了重大轉變，所以我看待世界的方式也完全改變了，換句話說，我終於了解發生在我身上的一切的根本原因，還有我們該如何創造生命中渴望的一切。我發現我對生活、工作、關係的不滿並不是取決於外在因素，而是與自己有關。

我的心智越來越清晰，解決問題的能力也越來越強，不管發生什麼麻煩，我都可以迅速而輕鬆地處理，不帶一絲憂慮或壓力。

不僅如此，冥想還有一個額外的好處。當你學會沉浸在自己意識的深處時，表層意識變得很寧靜，你也更能享受生命中的一切。這代表你能從伴侶關係中體會到更多樂趣，當你更能享受與對方的互動，你們的親密關係也會更加美滿。

西藏人認爲人對性的渴望是深層的內在動力，這股渴望推動我們結合陽性與陰性的能量，成爲圓滿的個體。和自己所愛的人發生親密關係並不是下流或骯髒的事，其實，這股深藏的願望是爲了一個高遠的靈性目標。

與另一半產生親密而深刻的關係是個人發展過程的一部分。對你來說，或許親密行爲具有靈性連結的意義，不過，你的伴侶不一定需要知道這一點。

我們內在都有一股想要分享與給予的渴望，在每個人內心深處都有一股欲望，想對另一個人完全敞開，但是我們卻經常害怕這種感覺，而在自己周圍築起一道保護牆。我們有一股不由自主的渴望，希望自己比平常更無私一點，我們努力想要找到一個對象，可以把自己完全交付給他……希望自己可以眞誠地愛這個人，對他們敞開內心。在此生中，我們總希望至少可以對一個人完全敞開。

古老的西藏典籍談到在更深層的層次中，每個人都有陰性與陽性的力量。若你的陽性力量比較強，你會生爲男性，若妳的陰性力量比較多，妳會生爲女性。他們認爲女性擁有較高的靈性智慧，而男性更擅長實際表達以及理論應用。

我們都很想連結這兩股能量，變得完整。如果我們少了哪一股能量，我們就會受那股能量吸引。誰擁有我們缺乏的能量，我們就受誰吸引，因爲每個人都想要完整，我們都想體驗自身的完整性。

因此，當我們和伴侶建立關係時，兩人相輔相成。伴侶身上某些特質自然而然的展現在我們身上。如果我們缺乏某股能量，而跟具備那股能量的人交流，不知不覺中，對方會把那股能量傳授給我們，讓我們更加圓滿。簡言之，他們不管在情緒、能量或身體層面都滿足了我們。

彼得和我收穫了這個古老練習的成果。我們相處多年，而一直以來我們在靈性層面不斷成長，以不同的方式相互支持。我們一起旅行，認識有志一同的朋友和學生。他們認同我們的理念，也和我們一樣在生命中學習與實踐斷金剛體系。他們不斷發想許多新計畫，去幫助周遭的人。

試試看，真的不會有什麼損失。放手去創造一個美好的對象，一段美滿的新關係，或是改變目前的關係吧！只要遵照所有的引導內容，練習所有的冥想，看看會有什麼結果。一旦你的生命中有了新的發生或改變，一定要跟我們分享喔！別客氣，儘管透過 email 或社群媒體聯繫我們，我們很想知道你們的故事，也想和你們一同開心慶祝實踐的成果。

第二部

基礎觀念

空性：萬事萬物的源頭

現在，讓我們好好探討一下基本原理。基本原理是幫助我們了解創造實相的基礎概念。但我們在學習這些概念時，最重要的原則就是「**不要一味相信**」。這個傳承已有兩千五百年的歷史，我們要求每個學生帶著**批判性思考**，徹底了解這些概念，**而非盲目接受**所學的知識。

當我們了解自己的行動如何創造實相時，我們可以運用這份理解去達到任何自己夢寐以求的目標。以我倆的例子來說，我們種出了完美的伴侶，還有永久的幸福。

成千上百部的古老經文皆提過「空性」，要理解我們爲什麼能過得如此幸福美滿，得先理解這個古老而重要的觀念。眾多經文中，最古老，可能也是世界上最重要的一部典籍就叫做《金剛經》。在亞洲，有很多餐廳、辦公室和家裡的牆上都掛著這部經文作爲裝飾，但是很少人了解它眞實的涵義。

這部經中最重要的訊息就是，發生在我們身上的每件事，以及我們遇到的每個人都擁有潛能，只是我們通常看不出來。只要我們還不知道這個眞相，就無法享受發自內心的快樂。而明白這個道理的人，則可以運用這股潛能作爲自己的祕密成功法則，創造生命中想要的一切。

談到這裡，請大家回想，或者翻回到筆的故事那一篇，重新閱讀一次。細細思考這個故事，不要照單全收，徹底檢視它。唯有這麼做，你才能確認這個證明的邏輯，不但直接明瞭，而且清晰。

對人與狗這兩個不同的觀察者來說，一樣的事物怎麼可能同時是兩個完全不同的東西？這個論點要成立，前提就是事物的呈現是來自觀察者的心智，「而非」事物本身。

這個普世的真理叫做空性。宇宙中一切存在的事物，本身都沒有自性。用正面的方式敘述：**過去，我們在心智中種下種子，而一切存在的事物由這些種子而來。當這些種子開花時，心識圖片或心識投射會從種子中出現，並且創造我們所感知的世界。**

最終我們必須接受世界上一切事物皆是如此。沒有任何一樣我們想到或指著的東西不是來自於我。一切人事物，例如我們的銀行帳號、周圍的人、伴侶、藥品，甚至我們的身心都來自於我們。

如果事物由我們而來，我們是否能藉由心想事成，來改變現實呢？

一旦我們接受筆和一切事物的空性，相信大家都會浮現上述的疑問。如果事物來自於我們，那麼只要用想的就能改變啦！讓我們一起試試看。

不管現在你人在哪裡，請你隨手拿起一隻筆，閉上眼睛，使勁全力希望它變成一顆大鑽石（如果眞的變成鑽石的話，賣掉之後記得把十%的利潤分給我們，我們發誓如果哪天這招眞的生效了，我們也不會忘記算你一份的☺）。你想怎麼做都可以，持咒也好，祈禱也罷，正面思考，向神祈禱，求爺爺告奶奶，跟你的牧師聊聊，召喚天使，或者請求麥可格西和其他人幫助你。過不了多久，你就會發現**不管你怎麼做都沒用，只是坐在那裡用力想，並不會讓你心想事成**。

從這個例子，我們可以學到的教訓就是：周圍的事物，**並不會因爲我們希望他發生改變，就產生轉變**。當然我們內心早就知道這一點，只是我們忘了，還以爲「正面思考」或「心想事成」就可以幫助我們得到自己想要的事物。

但這是不可能的，因爲：

一、每個人都有想要的事物，但不是每個人都能得到他們想要的。顯然我們不能單憑許願就得到自己想要的東西，不然所有渴望美滿關係的人早已如願。

二、世界上沒有人想要不幸福的關係，或是抱著毀滅性的想法開始一段感情。誰不想要幸福？誰想要分手？但是不幸福的關係比比皆是，放眼周圍，離婚和分手的人不計其數。

三、即便我們再怎麼不願意，有些事終究還是發生了。反過來說，有些事情任憑我們再怎麼渴望，就是不發生，**所以，事物究竟如何發生的**？

如果我們不能單憑想要就得到，那我們怎麼能說，伴侶是從我們而來的呢？

我們的心智是一台二十四小時運轉的攝影機

每件我們做過的事、說過的話，或產生的念頭都被我們的心智給記錄下來。它宛如一台全天候開機的攝影機，記錄的不只是我們行爲的影像與聲音，還有我們的動機與情緒。簡言之，我們採取每個行動的當下，都被鉅細靡遺地記錄下來。光憑對我們行爲的覺察，就足以創造儲存在我們心中的心識種子，等時機成熟時開花。這些種子孕育心識圖片，然後創造與種子品質相當的全新實相。

人類的種子讓我們看到筆，狗的種子讓牠們看到磨牙玩具。如果你想再更深入了解，我們可以說「對筆的感知」決定你是人，而「對磨牙玩具的感知」決定你是狗。正是不同的感知能力迫使狗看到磨牙玩具，而人看到一隻筆。

換句話說，我們在生活中所經驗的一切，都反映出我們過去的所作所爲，因爲那些作爲讓我們種下種子。空性是普世的眞理，這個道理說明了——世界上沒有一件事不來自於我們的種子。這就像一片空白的電影銀幕，我們的心識種子投射出實相，恰恰反映出我們過去的作爲，特別是過去我們如何對待他人。

那麼，我們如何利用這個普世眞理來創造一個完美的伴侶呢？

練習四步驟

有一本梵文經典叫做《阿毗達摩俱舍論》，作者是生於西元三五〇年的世親大師，那本書的第三章提到一個簡單卻有效的方法，如果你想運用種子法則創造結果，一定要試試這個方法。若以現代用語來理解這部經典，我們可說這本書的書名為《高深知識藏寶閣》，而這個方法叫做「四步驟」。你既能用四步驟來創造美妙的關係與理想的伴侶，也可以用它來達到生命中所有目標。

讓我們用職場升遷做例子，一步一步解釋。之後在本書第三部，我們會仔細講解如何運用四步驟創造伴侶，以及和諧的感情關係。順帶一提，我們參照原始典籍，在下方提供藏文名詞，好讓你追溯這古老的傳承以及驗證這些方法的正確性。

第一步：用簡單的一句話說出你想要的。

當你剛開始嘗試種子體系時，先用這個方法在生活中做個小實驗。選一個你當下真的很想達成的目標，用一句簡單的話描述你所要的，例如「我要升遷」。

第二步：選一個跟你目標相同的對象，並且擬定計畫幫助他們。

種下心識種子的先決條件，是要找到另一個人。心識種子和植物種子一模一樣，若要蘋果種子發芽，你得把蘋果種子種在土裡。如果你想升遷，你也得幫助其他人升遷。

在第二步的過程剛開始時，你需要坐下來想一想，你所認識的人裡面，有沒有其他人也想達成你現在追求的目標？一開始馬上要找到這個對象不容易，有可能你根本沒注意周圍的人需要什麼。不過，當你開始留意之後，幾天內你就會找到目標跟你相同的人。

第二步的後半部分是花時間制定一個清楚的計畫，列出何時、何地、你要用什麼方法幫這個人實現他的夢想？當你做完之後，你的計畫看起來應該要像這樣：

「今天我會打電話給某某人，他想要升遷，我會提議這週五在咖啡館跟他碰面，討論我該怎麼幫助他，才能讓他升遷。」

如果我們選定的對象不想被幫助，我們可以告訴他，我們跟他的目標相同，都想在工作上升遷，希望可以跟他一起討論。你不用把整個四步驟都告訴他。

四步驟的重點在於灌溉心識種子，我們希望升遷的心識種子長得又快又高。我們內心的計畫越清晰，種子開花的速度就會越快越有力。你的計畫一定要清楚又仔細。你要經常思考這個計畫，時時改善。我們花在這個計畫上的每分每秒都爲我們種下升遷所需的心識種子，且幫助我們越來越接近自己的目標。

第三步：做就對了！幫助你的種子夥伴。

光是心意堅決地想幫助另一個也想升遷的人，你就已經爲自己的升遷種下了一些種子，再加上制定清晰的計畫，你就種了更多種子。但是如果你光是計畫，卻沒有採取行動幫助對方，這些種子的力量就不夠，無法爲你帶來迅速而強大的結果。

舉例來說，禮拜五下午三點，你可能會帶朋友去一家咖啡店，跟他聊聊。重點是每週在同一時間，你都要幫這個人接近他的目標。固定時間、重複執行能帶來最好的結果。

即使你根本不知道怎麼樣得到升遷，你幫助他人達到相似目標的決心，就會種下所需的種子。不管你能做的有多少，你都該盡力幫忙。

第四步：現在你已經種下種子，你應該為此感到開心。我們稱之為「咖啡冥想」。

你覺得這四步的哪一步驟最重要呢？從我們的經驗看來，最後一步最重要。大部分的人之所以沒看到自己的好種子快速開花，是因爲他們不知道第四步——如果不清楚這點，就像農夫只懂如何種下蘋果樹的種子，卻不知道種子也需要澆水。你種的種子固然好，但是如果少了水分，它不會發芽。即使它眞的發芽，可能也會花很多時間。曾有人在古老的埃及墓穴，或高山冰川中發現這一類種子。這些種子已存在數千年，仍有生長的機會，卻因爲從來沒遇到合適的條件，所以從沒發芽。因此，我們必須幫心識種子澆水，爲其創造有利發芽的環境。

第四步是個很特殊的冥想。你不用雙腿盤坐，飽受痛苦。這是史上最開心的冥想！你甚至不用喝咖啡就可以進行。接下來我就談談如何運用第四步快速喚醒你的種子：你下班回家後吃過晚餐，休息一下準備上床睡覺。這時你先坐著或躺在你的床上，盯著天花板，慢慢讓自己進入冥想的心情。

「冥想的心情」是我們青少年時都曾經歷過的，當時我們獨自躲在房間裡，想著初戀的對象。我們望著天花板，一邊回想對方下課後的樣子，或者初吻的滋味，傻傻的笑著。

如果媽媽在那個時候叫我們吃晚餐，我們根本聽不見。這就表示我們正進入深層的默觀或冥想狀態。當我們盯著天花板，所有的感官都向內，一心一意專注在我們男朋友或女朋友的臉，連媽媽叫我們吃晚餐都聽不到，這種狀態就是真正的冥想。

我們咖啡冥想的目標，也是進入相同的狀態。試著在你睡前回想自己與種子夥伴互動的細節，想想當你準備協助他升遷時，你提供了哪些想法？你能回想起的細節越多，種子成長得越快。在此我要提醒，回想自己的好種子並不是一種傲慢。當你想起自己不但有這份心，而且有這個機會幫助別人時，你的內心會散發眞誠的喜悅。

當你懷抱著喜悅的想法入睡時，你不但會睡得更好，也會得到充分休息，醒來時心情更愉快。你會發現自己較容易入睡，不須藉助安眠藥才能一夜好眠。如果你半夜醒來，開始擔心生活上的事，我們建議你重新想想自己在咖啡館做的好事，或是過去你曾經做過的善行。種子永遠不會過期。

這個冥想的重點就在於放下生活中的擔憂，想想生命中的好事，但由於這麼做違反慣性，所以我們內在掙扎不已。你之後也會發現，要做好冥想需要反覆訓練，最後才會得到令人滿意的成果。

儘管如此，每當你半夜醒來，試圖逆轉心智的慣性，讓它回想你近來所做的好事時，你已經開始鍛鍊自己的「冥想肌肉」了。

我們跟在老師身邊，已經把筆和四步驟的原則教給成千上萬人。雖然觀眾聽到這些觀念的時候總是很開心，但是也有很多人心裡想：「眞的有這麼簡單嗎？若要我所有的夢想成眞，應該需要更複雜的步驟吧。」

如果你認眞想想，一個確實有用的系統，方法應該要簡單，容易上手，執行起來樂趣無窮。只有在我們不知道怎麼做、做錯，或者是執行一個不怎麼管用的系統時，才會困難重重。

歷史上，來自不同時代、不同文化的四十四代人已經學習、練習並分享了如何運用這個方法達成他們的目標。這麼漫長的時間，造就了許許多多的成功故事。麥可．羅區用這個方法，打造了兩千五百萬美元的公司、成立了二十多所機構、寫了一〇八本書，影響了全世界各地數百萬人。他的成就之所以能超越這世界九十九%的人口，全因爲他懂得如何運用這份以咖啡冥想爲基礎的知識。

心識種子是讓我們所做皆有效的原因，咖啡冥想則讓我們所種下的好種子一飛沖天。

我們鼓勵你馬上採取行動，如果還有任何疑問，儘管聯絡我們。如果成功了，我們很希望親自見見你和你的伴侶……如果沒辦法見面，至少寄幾張自拍給我們吧☺。

我們滿心期待聽到好消息！

四定律

現在，既然我們已經學會最實際的方法，知道怎麼用四步驟種出自己想要的事物，讓我們談談心識種子運作的原理——四定律。十四世紀有一位偉大哲人叫做宗喀巴，他在《菩提道次地廣論》中詳細描述了四定律。

這些定律的運作原理，就像地心引力。不管你喜不喜歡，如果蘋果從你手中滑落，它就是會掉到地上，而非飛向太空。如果你明白這些種子的原理，便能回答自己所有的問題。

第一定律：你得到的正是你所給予的。

你所種下的種子，和長出來的作物之間具有相似性。種瓜得瓜，種豆得豆，不會種瓢瓜卻長菜瓜。即便心識種子也是依此原理運作。

如果你照顧他人的健康，你就會身體健康。如果你幫助他人賺錢，並且慷慨地分享你所擁有的，物質資源就會回到你身上，而且你不必為金錢煩惱。

當你幫助他人找到他們喜歡的工作時，你也會有份自己喜愛的工作。當你照顧孤單寂寞的人，你身邊就會有心愛的人，以及好朋友相伴。若想要一段美滿的伴侶關係，你的「給予」就是照顧孤單的人，讓他們不再孤獨。

如果你說謊，你也會受到欺騙。若你向有伴侶的人示好，或發生性關係，你的伴侶也會背叛你，或你們的感情會受到第三者干擾。

假如你常發脾氣，不知不覺中，你的面相會越來越不善，也因此招致更多人對你反感。如果你貪得無厭，不願意在金錢上對他人伸出援手，你的財務狀況會不穩定，而且你的伴侶可能也很貪心。

心識種子運作的方法就是如此，我們一切的想法、對他人說出的言語，與做出的行爲，都會回到我們身上。

第二定律：種子會發芽，也會倍增。

當你種下心識種子，得到的果實會更豐碩。因爲心識種子每天在我們的意識中翻倍成長，所以結果總是比種子大。

舉例來說，一顆橡實大概只有三克重，但是一株成熟的橡樹卻重達三噸，橡樹的重量都快是橡實的一百萬倍了。我們內心的種子成長的速度比自然界中的種子迅速多了。古老的典籍說，假如我們妥善種下一顆心識種子，每過二十四小時，它就會雙倍成長。

這麼說就等於，如果你月初跟朋友進行四步驟，想幫他們賺一百美元。假設你種得十分細心，咖啡冥想做得特別勤，隔天，夥伴的種子開花時，你會「獲得」兩百美元，一個月內這種子就有變成十億美元的潛力。同理可證，如果你一週只花一個小時陪伴阿公或阿嬤，而且有確實以咖啡冥想澆灌種子，那麼你身旁就會出現一位親愛的伴侶，緩解你的寂寞。

第三定律：如果沒種下種子，則不會有結果。

如果你過去待人並不慷慨，現在不論你工作多勤奮，還是會為錢所苦。如果你從沒關懷過寂寞的人，你可以踏遍世界尋找自己的眞命天子或天女，但對方永遠不會出現，因爲你還沒種下遇見他們的種子。要找到時時刻刻陪伴你的人，必須先創造那個因。

這句話的意思是，除了種下正確的心識種子，沒有其他事物能幫你「找到」和諧的伴侶關係。你可以去夜店、上網交友、打扮漂亮、爲另一半下廚，端出山珍海味，但是，除非你在做這些努力之前，先種下和諧關係的種子，不然這些方法都不管用。

如果你知道如何「創造」你要的人事物，也知道生命至今爲止，爲什麼某些事會發生在你身上，還有事件發生背後眞正的原因，那麼你就可以和所愛之人擁有美妙而親密的關係。

第四定律：只要種下種子，必會收穫成果。

如果你以正確的方式種下心識種子，你一定會得到自己想要的，這件事必然發生，別無選擇。即使你改變心意，不想要種子開花，或是你改變心意，不需要之前許願的目標了，結果依舊會發生。就像電影台詞中常出現的：「躲得了一時，躲不了一世。」

如果你使用四步驟幫助寂寞的人不再孤單，你身邊一定會出現件侶，塡補你生命中的空缺，到時你想躲都躲不掉。

如果你以正確的方式種下四步驟的種子，即使你把自己關在家裡，哪裡都不去，誰也不見，你的伴侶還是會出現。你無處可逃，這位理想的伴侶會追著你，找到你，這是無法阻擋的結果。

瑪麗雅初次與彼得相遇時，她試過各種方法離開那棟公寓，但徒勞無功，因為種子的力量太強大，整個城市的計程車都不來接她，接下來手機也沒電，結果她哪裡都去不了。

習慣吧！完美的正義確實存在，而這點也令人安慰。正直行事者與行善者，總會得到更多回報。

四力量：淨化練習

如果你發現自己過去種下不少壞種子，該怎麼辦？兩千五百年前，悉達多・喬達摩透過《聖開示四法大乘經》傳授了這個方法給世人。對於消除負面的心識種子，「四力量」非常有效。首先，我們要如何知道自己有壞種子呢？你可以透過以下徵兆來判斷：

一、你在生活中遇到問題，這些問題造成你的困擾，你希望解決它們。

二、你記得自己曾做過壞事，你種過壞種子，而這些壞種子遲早會開花，造成生命中的問題或障礙。

三、雖然你進行了四步驟，卻沒看到結果。那麼，有可能是因爲過去的壞種子先開花，造成障礙。你需要運用以下方法，先移除障礙。

第一力：回想筆。

靜靜坐著，回想筆的故事。告訴自己：「沒有事物帶著自性存在，也沒有不來自我的事物。我周圍一切的人、事、物皆來自我與我的心識種子。而他們如何發芽取決於我照顧他人的程度。我的世界反映出我所採取的行動、說的話，以及我的想法。因此現在不管我看到什麼問題，過去犯下什麼錯，或是我明明想追求更好的生活卻受到阻礙，問題都來自我。」

第二力：明智的懊悔。

因爲心識種子每天都在我們心中成長與倍增，所以就算一個微不足道的小惡行，也足以帶著強大的破壞力回到你身上。舉例來說，如果妳曾欺騙一位同事，幾個月後，這顆種子就有可能以先生外遇的方式回到妳身上。如果我們生命中有這樣的壞種子，我們當然希望盡早停止它們在心中滋長。

這就是爲什麼我們對自己所做過的壞事，產生明智的懊悔如此重要。你可能還記得自己做過的壞事，也可能已經忘了。但是如果你現在遇到問題，代表你過去曾對別人做過類似的事，只是程度較輕微，或當時你只是想一想，並沒有付諸行動。無論是哪一種，都要對於自己曾這麼做而感到懊悔。

這份懊悔必須基於明智的理解，意思就是我們之所以升起這份懊悔，是因爲我們了解種子會倍增，**所以這個出發點跟罪惡感很不一樣**。罪惡感會讓人動彈不得，甚至會產生類似這樣的念頭：「我實在太糟糕了，我什麼事都做不好，還是繼續受苦好了！」我們不需要以自責來清除過去的種子。

所謂明智的懊悔，其實是完全相反的態度。「我明白種子運作的原理，我知道自己過去種下壞種子，當時我不知道自己在做什麼，或是明知不好，卻停不了手。我絕不會坐視那些種子成熟，造成我生命中的災難。如果等到那些種子開花，對我和他人造成負面影響就太晚了，我必須現在就斬草除根。」

第三力：承諾。

這是四力中最重要的一環，因爲它正是擋下壞種子的力量。你必須保證自己未來不再犯下相同的錯誤，並且信守承諾。如果你想擋住說謊的種子，我們得保證不再說謊，這份承諾背後的動機，是希望這麼做會摧毀壞種子的力量。

有時候我們做過的事情眞的很糟糕，很惡劣，但可以立下承諾，不再重蹈覆轍，譬如保證不再偷竊、殺生或對伴侶不忠。但是某些事，我們無法保證此生不會再犯，譬如保證自己永遠不會再生氣，這是很難掌控的，我們心知肚明。如果我們做出一個難以信守的承諾，那打破這承諾的機率就很高。然後我們就得再次面對新的壞種子，也就是明明做不到，還拍胸脯保證，這也算說謊。古代藏傳佛教大師曾說過，最好做出合理並能夠信守的承諾。

在這種情況下，實際的解決之道就是設定時間限制。我們可以運用時間限制給自己一些挑戰，來幫自己成長，同時也針對那個行爲，設定一段自己有把握不再犯的時間限制。

以憤怒爲例，我們可以保證自己在接下來的二十四小時要小心謹慎，不再發飆。你可以告訴自己：「不管身邊的人做出什麼行爲，在接下來一天之內，我絕不再生他們的氣。」但是面對心識種子，我們可要步步爲營。這種承諾有時候我們連一小時，甚至五分鐘都撐不過去。所以當我們判斷自己的能力時，要量力而爲，先從自己目前可以做到的程度開始就好。

第四力：對治方法。

在這一力中，我們保證自己會採取正面行動，來平衡錯誤的行動。例如，當你想罵小孩時，對治方法可能是保證跟他們一起度過安靜和喜悅的一天，告訴小孩你在他們身上看到的美好特質，感謝他們並且盡你所能幫助他們保持平靜。然後在這段期間，不管發生什麼事情，你都不能發脾氣。

當你決定平衡自己過去的負面行動時，可以發揮創意，別害怕用不同的方式處理事情。

為什麼這個方法管用？

因爲世界上的確有完美的正義。每個人都會得到他們應得的，這就是宇宙運作的法則。如今，全球各地，人們心中不約而同納悶：「惡人爲何存活，得享高壽，勢力強盛呢？」❶這個問題也曾出現在《聖經》上，爲什麼壞人能享福，好人反而遭殃？其實，答案出奇地簡單：時間差。從你採取行動到這顆種子開始發芽結果，

❶《聖經》和合本2010（神版—繁體）。

中間可能會經過很長一段時間，尤其當我們還沒意識到：我們每個行動都在創造實相時，時間可能拖得更久。

因此，就實際層面來說，理解「善有善報，惡有惡報，絕無例外」非常重要，請注意，我在此說的是「理解」，並非「相信」。當你做壞事，類似的事情會發生在你身上，當你做好事，成功與幸福會回頭伴隨你。

心識種子一旦種入心中，就難以摧毀。每顆我們曾種入心中的種子，開花時都會成爲我們生活中的人或事，毫無例外。如果我們能傷害他人，種下壞種子，而這顆種子卻憑空消失，宇宙中就毫無正義可言了。

那麼，四力量如何運作呢？當我們把四力量運用在負面的心識種子上時，這顆種子會提早成熟，或許還是會稍微發芽，但是因爲提早發芽，不會完全成熟。

讓我舉個例子：想像我們把橘子的種子放在桌上，保持溫暖和潮濕的環境，過一陣子之後，種子發出新芽，但它缺乏必要條件，所以永遠不會成長爲橘樹。心識種子也適用同樣的原則。當我們不了解生命中的好事如何發生時，不知不覺中，我們也為先前的壞種子提供陽光、濕氣和肥沃的土壤，讓它們得以發芽成長。

等我們越來越了解筆的道理，動機就會越變越純淨。當我們下定決心要停止栽種負面種子時，讓陳舊的壞種子繼續成長的條件便不復存在。因此，當我們練習四力量時，我們所面臨的負面結果，其程度就像早發的嫩芽。這是什麼意思呢？這代表先前的壞種子原有可能造成非常糟糕的情況，像生病或致命的意外，但是做了四力量之後，我們很可能只會嚴重頭痛一兩天。

若我們進行四力量練習的方式無誤，我們在生活中會發生一些突然、短期的不順利或不舒服。譬如說，原本這顆壞種子會造成絕症，但做完四力量之後，我們卻只是感冒一兩天。另一個例子是，原本我們可能會永遠失去一個好朋友，但做完四力量之後，只會經驗到一個平常對我們很和善的人，突然無預警地嚴厲批評我們。這些發生會讓我們不舒服，但是比起我們原來會經歷的大災難，這只是個小關卡，不花太多時間就能度過，當生活恢復正常之後，我們甚至有可能過得比原來更好。

四力量這個清除壞種子的方法，讓我們得以放下過往的重擔，我們會感覺越來越好，越來越輕盈。當我們心中承載許多負面種子時，就像背著沙袋到處走，而且每隔幾天，袋中的壞種子還會增加，經年累月下來，只會越來越沉重。但是，因爲重量是逐漸增加的，所以我們對額外的重量渾然不覺，只是拖著越來越沉重的腳步過日子，也受到未來可能發生的各種問題拖累。但是，一旦我們好好練習四力量，這些重量突然從我們肩上移開了。當我們終於擺脫陳舊的壞種子時，隱約良心不安的感覺終於消散，取而代之的是豁然開朗的感受，甚至好像年輕了十歲一樣！

四朵花

四朵花的原理解釋了我們的心識種子打開及創造實相的四種方式。了解這些原理對我們至關重要，因爲這能幫我們與自己心愛的人創造不可思議的伴侶關係。

跟前面一樣，這些原理源自佛陀所傳授的經典，後來出現一位大師寫下《掌中解脫》講解佛陀的原意，這位大師名爲帕繃喀仁波切，誕生於一百多年前。

第一朵花：你會得到你所給予的。

第一朵花又稱爲「結果」，其實很明顯，也是我們腦中浮現業力時，馬上想到的概念。我想補充，大家通常都對「業力」這個字有負面的誤解。其實業力就只是心識種子。

假設你去養老院拜訪一位孤獨的長輩，他的親友都不在身邊。你每週都會拜訪他一次。你的出現讓這位長輩覺得很欣慰，你們的友誼也對他深具意義。這時，第一朵花的意思就是因爲你幫助別人，讓他不再感到孤單寂寞，所以你也不會覺得寂寞。這些種子開花之後，你生命中便會出現所愛之人花時間陪伴你，因爲你種下了一段伴侶關係。

第一朵花與種子第一定律相似，也就是你給出去的一定會回到你身上。種子四定律介紹了種子的基本原則，四朵花描述的則是種子開花的各種方式。

第二朵花：行動養成習慣。

當我們首度嘗試某件事，執行時通常會遇到困難，但是後來會越來越熟練。重點是我們每採取一次行動時所種下的心識種子，會幫我們養成習慣，讓我們未來繼續做下去。這對好種子來說是好消息，但是對壞種子來說是壞消息。

記得我們小時候第一次說謊時，哪個人不是戰戰兢兢，深怕露出破綻？像是家裡規定我們最晚八點要回家，但我們拖到十一點才到家，而媽媽早已站在門口，眼神裡流露出譴責和關切時，你不得不說出生平第一個謊話，你告訴她：「媽，我跟一群朋友一起出去，玩得太開心了，沒注意到時間。」其實我們不是和朋友在一起，而是和男朋友在一起，整晚都在公園親嘴，但是我們非得要編個故事，說什麼和朋友一起去看電影。漸漸的，說謊不再是一件難事，再來我們會說公車中途停駛，我們只好下車走回家之類的話。當媽媽問我們，是哪一路公車？在哪一站停駛時，我們愣住了，只好含糊帶過。當然，媽不會相信我們的謊話，她只會翻翻白眼，不耐煩地下達禁令，告訴我們這個月別想再跟朋友出去玩了。

下次我們又因爲約會晚歸時，已經做好萬全準備。我們大膽地走進家門，直接來到媽媽面前，並且告訴她：「媽，妳絕對不會相信剛剛發生什麼事！我居然搭錯車，往反方向去，結果到了小鎮另一頭！」媽媽立即回問：「你在哪上車？坐幾路公車？」你也馬上回覆：「我不小心搭到六五路公車，坐到汽車工廠去啦！」就這樣，我們撒謊的技術越來越熟練，媽媽再也不確定該不該相信我們了。人為什麼越來越會說謊呢？因為當我們第一次說謊之後，第二朵花開了，而第二朵花造成的結果就是形成慣性。

幸好，這個原則也適用於好習慣。如果我們每週有意識地花一小時照顧一個寂寞的人，我們確實在培養兩種不同的習慣。一個是更知道如何照顧正在面對難關的人，另一個是習慣以四步驟種種子來得到我們所要的。我們再也不用追逐無用的方案，或是過著一成不變，無聊又寂寞的生活。

第三朵花：種子創造環境。

心識種子也創造我們的環境！不論是我們居住的國家、城市、天氣，或是骯髒的街道、美麗的公園、不快樂的窮人或快樂的富人，無論是提供廉價酒精的酒吧、絕望的毒品成癮者、健康食品店或是瑜伽會館，你眼中所見的一切都透過你過去的行動產生，所以你周遭的環境的確來自於你。

如果你透過關懷寂寞的人來種種子、關注他人的需求、對路人微笑以及讓他人的生活多一點喜悅，像是稱讚超市裡的收銀員，你會發現，你不只會找到伴侶，你周遭的環境也會改變。

當你看著手機上的即時新聞時，你不再只看到令人沮喪的壞消息，你的世界不會只有暴力、貪汙、絕望，你也會看到美好的故事，知道有些成功的夫妻或富強的社會，奉行智慧與慷慨。當你檢查自己的電子郵件或訊息時，你的朋友或同事給的建議都會充滿創意和趣味，而不會只有不熟的人傳些無聊的影片給你，或銀行催繳信用卡費的通知。

當你順路經過自己最常去的咖啡店時，你會遇到充滿善意、言之有物的人，他們會分享彼此的成功故事，計畫如何幫助其他人變得更快樂，而不是忙著批評政府官員。你的朋友會急著告訴你，他為伴侶準備了一個創意滿滿的驚喜，而不是抱怨他的伴侶。雖然他們已經攜手共度美好的二十年，但是他們還是想帶對方出去走走，感情甜蜜得就跟熱戀中的小情侶一樣，聽他們說著這些事，你會覺得好像連天氣都變好了。

如果我們忽略那些過得很乏味，很孤單的人，連一分鐘都不肯停下來鼓勵他們，那我們就該住在負面新聞滿天飛、衝突不斷、網路充滿無用消息、天氣陰霾，令人心情不佳的環境。

我們知道這番話乍聽之下令人難受，因為很少人會想到我們的環境是可以迅速改變的。但是這些原理都以我們對筆的理解為基礎，因為事物缺乏自性，事物的自性來自於觀察者，所以當我們懂得該種下什麼種子時，我們可以改變一切。

試試看！下次你覺得天氣差、交通爛、政客糟的時候，從種子下手。先停止抱怨，開始承擔責任，我們會教你執行的方法。

第四朵花：種子也創造生命中的重大事件。

這一生當中，透過觀察自己所做、聽自己所說、覺察自己所想的，我們每秒都累積六十五顆種子。此外，心識種子以每二十四小時倍增的速度成長，一旦種下就無法摧毀，只能等到它成熟。而一旦種子成熟，勢必得開花。

當時機成熟時，種子會以固定的速度在我們心中打開。我們心智中的種子，每秒都會蹦出六十五張圖片，並且快速播出去，讓我們誤以為這些流動的畫面就是我們的實相。

聽到這裡，你應該發現，我們心中不知累積了多少既沒使用，也還沒摧毀的種子，說有幾百萬顆都不誇張。隨著我們老化，身體衰敗，種子仍舊繼續增加。

生命的終點究竟會發生什麼？還沒用完的種子何去何從？

當我們的身體消亡時，這些種子會留在我們的心中，繼續按照原來的順序打開，此時，發光的心識圖片從這些種子中一一浮現，創造新的環境、新的世界，我們身邊會出現不同的人。而這個新世界出現的樣貌，與我們過去對待他人的方式有關。

這個新世界裡所有的細節都取決於我們此生所創造的種子，不論是好是壞，皆如實反映。如果我們曾經花心思照顧他人，或幫助過受苦的人，讓這些人有機會過著快樂成功的生活，職場家庭都如意，那我們會進入一個美妙的新世界。

由此可知，我們的心識種子創造了此生所有重大事件，從第一次遇見將來的伴侶、舉辦婚禮、參加大學畢業典禮，到迎接孩子誕生、投入工作，結識新的事業夥伴及朋友，乃至面對所有必經的挑戰。

當我們了解四朵花的道理，就可以好好學習如何使用種子體系，來創造生命中正向的重大經歷。

冥想的基本原則

關於冥想，最糟糕的說法是「什麼都不想」，這並非正確觀念。冥想包含專注於呼吸與放鬆的能力，但除此之外，冥想的重點是鍛鍊我們的心。

冥想是讓我們專心的方法，一旦我們能集中注意力，我們的心就能更清晰、更敏銳，也更有力。

冥想加深我們對打造圓滿伴侶關係的理解，而且幫助我們爲達成目標種下強大的心識種子。在冥想時，我們將心念專注於特定對象，並試圖在一段時間內保持這份專注。這種訓練能讓我們在日常生活中，準確地將注意力放在所需之處，而不是任由紛亂的思緒牽著走。

如果我們只是偶爾冥想，幫助不大。培養規律冥想的習慣很重要。每天早晨花點時間冥想，不只能幫我們種下心識種子，與所愛之人建立美好關係，生活各方面也會受益。

我們會培養出高度的專注力，不論在職場或家中，遇到問題都能更輕鬆解決，同時心思更平靜，降低壓力。透過這樣的練習，我們能學會進到意識深處，讓日常的心思保持寧靜安詳。如此一來，生活中每件事都能帶給我們更多喜悅。而且，我們的直覺會越來越敏銳，甚至能預見未來。冥想讓我們逐漸消除憤怒、嫉妒、羨慕、驕傲、自私和無法控制的欲望等負面情緒。許多人往往忽略生命更深層、更重要的層面，一旦我們學會冥想，我們就掌握了體會這些層面的方法。

冥想就像一道光，讓我們深入內在，看見賦予生命真正意義的深層真理。

冥想的種類

亞洲古代智慧典籍中記載了三種冥想法。

回顧冥想

這類冥想的重點在於在心中反覆審視一串重要觀念，依序複誦，直到這份清單的內容深深烙印在心中。透過這個方法，我們就在心中建立新的神經連結。這些連結會永遠留在我們的心智庫中，只需要閉上眼睛就能取用。舉例來說，我們可以嘗試做回顧冥想，複習上面介紹的四個概念：四步驟、四定律、四力量和四朵花。

現在就試試看！看看你能否在腦中按照正確順序，列出每組方法的四個要點。

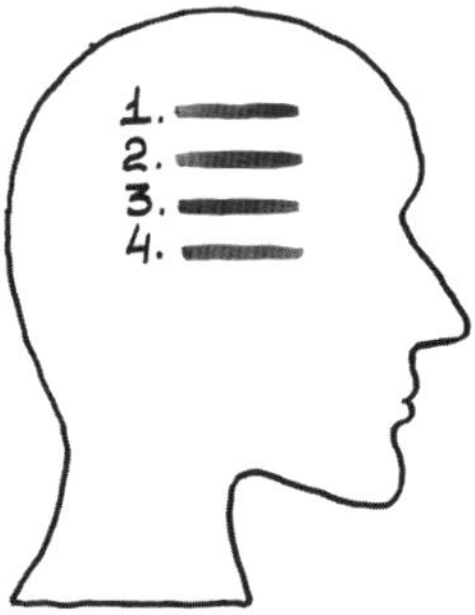

然後，思考如何在工作或家庭生活中運用它們。最後，想想如何運用這些清單來實現你目前的願望，先挑一個就好。在這個例子中，我們冥想時就要聚焦在這四組方法的十六個要點。

分析冥想（問題解決冥想）

在這種冥想中，我們以種子系統的角度來分析問題。比如，我們想讓感情更有新鮮感，維持熱度。一開始，我們會想些常見的方法，像透過溝通，勸伴侶變得更有趣。這個方法大家都試過，但沒有效果。或者說，有時候有效，有時候無效，仔細想想，這表示這個方法根本就不管用，因爲，如果我們確實掌握了問題背後眞正的原因，這方法應該每次都有效。

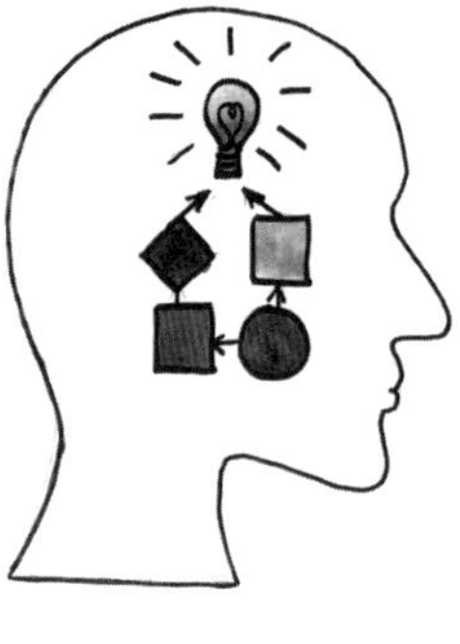

經由冥想，我們領悟到「和伴侶談」並不一定能讓他改變。接著我們轉向種子系統的方法。在心中，我們依循四步驟種下種子，希望伴侶不僅投入這段關係，還能帶給我們新視野。我們不斷深入冥想，直到徹底明白：要讓自己的生活更有趣，唯一的方法就是讓他人的生活更有趣，只有這個方法，才能每次奏效。在這個冥想中，我們專注的目標就是「如何讓你與伴侶的生活更有趣」。

專注冥想

這種冥想的目標是把心念專注在單一影像或想法上，直到能以喜悅和清晰的心境深入其中。這類冥想能幫助我們培養專注力和定力。我們將從黃金屋冥想中學習這種方法。在冥想時，你會想像理想伴侶的臉龐，彷彿他或她正注視著你的雙眼。

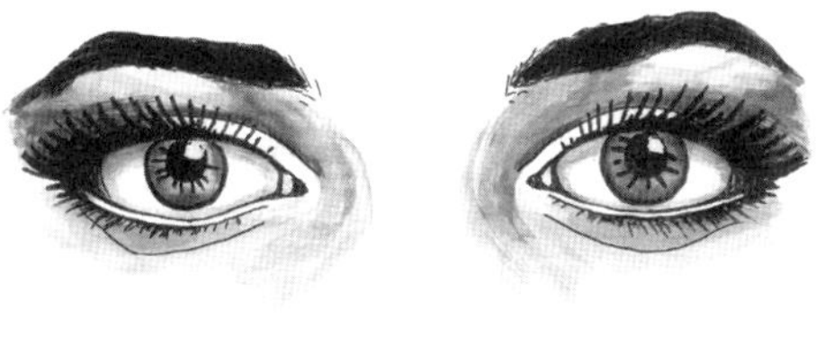

凝視他們的眼睛，忘卻世界上其他一切：沉浸在那雙眼眸中，沐浴在那個人對你的愛中。這種專注的冥想能培養定力，同時種下幸福伴侶關係和愛的強大種子。

在這個冥想中，專注的目標是「伴侶對你的愛」。

冥想姿勢

你可以（用冥想墊）坐在地板上或坐在椅子上冥想。如果坐椅子，應該坐在椅子前緣（不靠背），雙腳穩踏地面，保持脊椎挺直。如果你坐在地上，記得找個高度適當的坐墊，讓骨盆高於膝蓋。你也可以把兩個坐墊疊起來，坐在上面。

坐在地上時，雙腳可以用不同姿勢擺放，以下圖片提供參考。

光之手
—— 人體能量場療癒全書

作者／芭芭拉·安·布藍能（Barbara Ann Brennan）
譯者／呂忻潔、黃詩欣　定價／899元

為能量療癒「聖經」，
是照護人員、治療師、身心靈療癒師，
以及渴望獲得身心靈健康的人必備好書。

以一位物理學家的理智清晰、具有天賦療癒師的仁心仁術，及其超過十五年、對五千多位以上個案與學生的觀察，為想要尋求幸福、健康及身心靈潛能者，呈現「人體能量場」的第一手研究。

昆達里尼瑜伽
—— 永恆的力量之流

作者／莎克蒂·帕瓦·考爾·卡爾薩（Shakti Parwha Kaur Khalsa）
譯者／林資香　定價／599元

「昆達里尼的體驗並非意味著你會進入一種喘不過氣來、深沉的狂喜狀態，超越這個世界之外……，而是讓你能更完整地與現實結合，帶給你更寬廣的視野與敏感度，讓你能更有效地採取行動。」
——尤吉巴贊大師

昆達里尼瑜伽能幫助你面對壓力、改善健康、克服憂鬱，讓你更有活力、享受生活，並且更愛自己。

希塔療癒
—— 找到你的靈魂伴侶

作者／維安娜·斯蒂博（Vianna Stibal）
譯者／安老師（陳育齡）　定價／500元

希塔療癒最浪漫的真愛之書——
有助於鞏固或維繫現有的關係，也能顯現未來的伴侶。

「我有辦法找到我的靈魂伴侶嗎？」
本書以維安娜自己的經驗為基礎，解釋如何使用希塔療癒將你的靈魂伴侶帶入生命中。書中詳細介紹靈魂伴侶的七大類型，以及如何找到人生Soulmate的指引。如果你已經找到了，此書還能維繫、增進你們之間的感情。

覺照在當下

—— 泰國二十世紀最傑出女修行者的禪修指導

作者／優婆夷紀・那那蓉（Upasika Kee Nanayon）
譯者／釋見諦　定價／350元

不論發生什麼事，只要專注地加以覺照，
心便停下來，不再黏著，獲得自由。

優婆夷紀・那那蓉老師自一九四五年開始在泰國的皇園山禪修，深受泰國高僧阿姜查的啟發，是泰國二十世紀指導佛法修學最了不起的女教師。本書內容取自紀老師自一九五四年至一九七七年間的即席開示，強調一切事物不過是在生起、持續和消滅中循環，唯有專注向內觀察自己的心，以調伏並放下因貪心、驕慢而生的煩惱。

一行禪師　活在正念的愛裡

—— 從慈悲喜捨的練習中，學會愛自己也愛他人

作者／一行禪師（Thich Nhat Hanh）
譯者／鄭維儀　定價／350元

愛是一切幸福的門檻，也是幸福大道上的鋪路石。
但，要學會愛，不是件容易的事，
還好，我們有一行禪師。

禪師用仔細且實用的步驟，帶著我們以正念、頂禮、說愛語，甚至觀想等方式來修行四無量心，即刻運用就能處在愛的境界，擁有強大的內心力量。

馬哈希大師　內觀手冊

作者／馬哈希大師（Mahāsi Sayadaw）
譯者／溫宗堃、何孟玲　定價／800元

正念運動的源頭——馬哈希念處內觀禪法，
是通往解脫的原始佛陀教法，內觀修習者的必讀之書。

本書是內觀禪修傳統的「祖父」——馬哈希大師的鉅著。大師兼備廣博的巴利佛典知識及源自深刻禪修而得的智慧，在當代上座部佛教中最具權威。本書中，大師清晰地呈現能令人解脫的佛陀八支聖道的實踐方法，整合了最深奧的理論知識和最直接易行的實修教導，是修行者通往解脫的直捷道路。

全球熱銷書《當和尚遇到鑽石》系列延伸！

深刻療癒人心的兩部曲，橫跨千年的瑜伽智慧之旅！

【當和尚遇到鑽石 6】

Katrin：女孩可以做得到

作者／麥可・羅區格西（Geshe Michael Roach）
譯者／謝佩妏　定價／500元

「被禁止學習的年代，她選擇覺醒。」
麥可・羅區最動人的靈性小說，以真實古老智慧打造現代最需要的心靈啟示。

★《瑜伽真的有用嗎？》前作故事★

她叫帕杉，也叫星期五。
出生於一千年前的喜馬拉雅高原，一個女人不能讀書、不能練瑜伽的年代。
但她不信命，想成為第一個進入智慧殿堂的女孩。
在苦難與真理之間，她找尋傳說中的大師「Katrin」——
一位擁有療癒知識的聖者，也是一切轉變的開始。

【當和尚遇到鑽石 3】

瑜伽真的有用嗎？——用《瑜伽經》療癒自己和他人

作者／麥可・羅區格西（Geshe Michael Roach）
譯者／謝佩妏　定價／450元

在牢獄深處，一段改變命運的智慧對話開啟序幕，
揭示《瑜伽經》中最古老卻也最現代的療癒之道。

麥可・羅區格西第一部長篇小說，
告訴你瑜伽不只是動作，還有轉化身心靈不可思議的力量！

橡樹林全書系書目　橡樹林好書分享

橡樹林

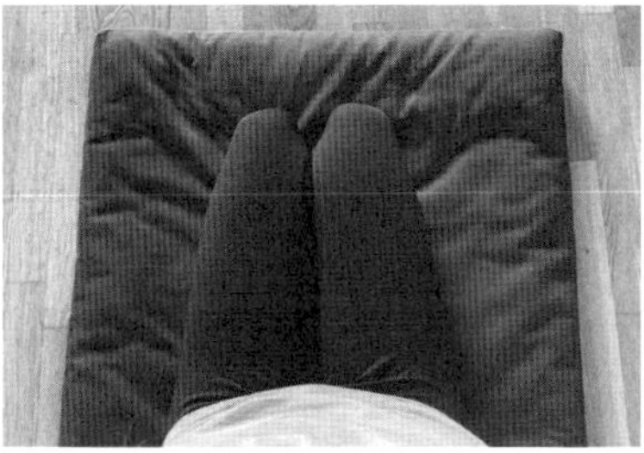

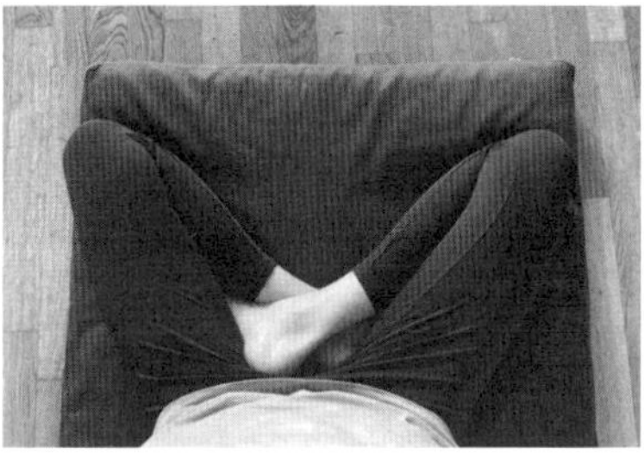

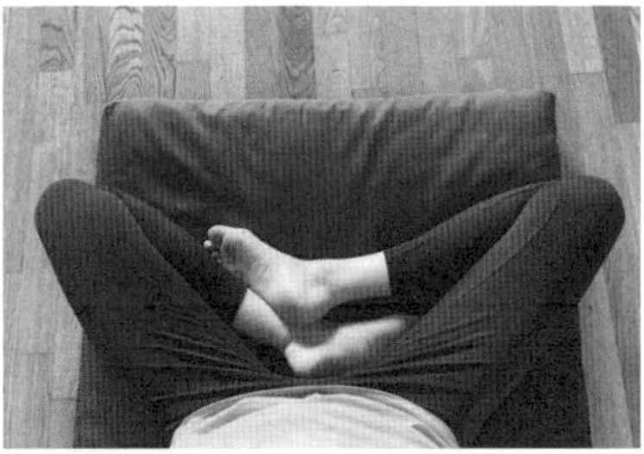

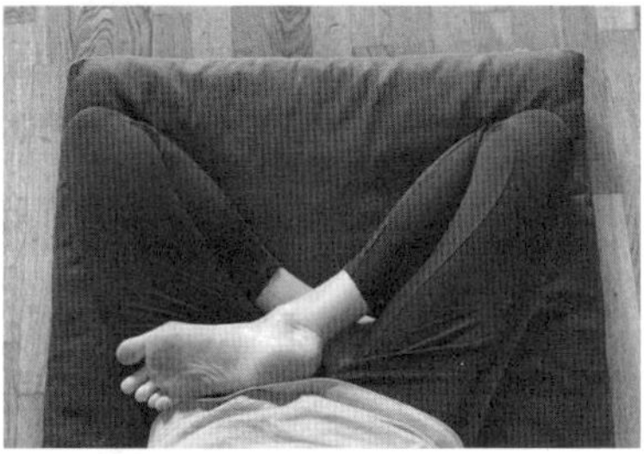

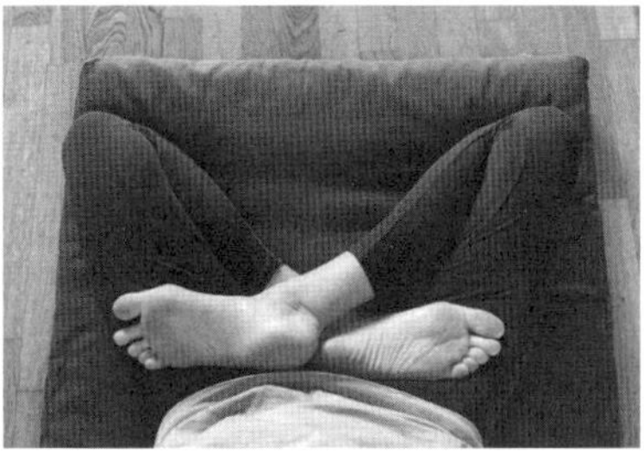

如果感覺太熱，可以將雙手放膝蓋，掌心朝上。如果感覺寒冷，把手臂靠近身體，雙手交疊放在大腿上。

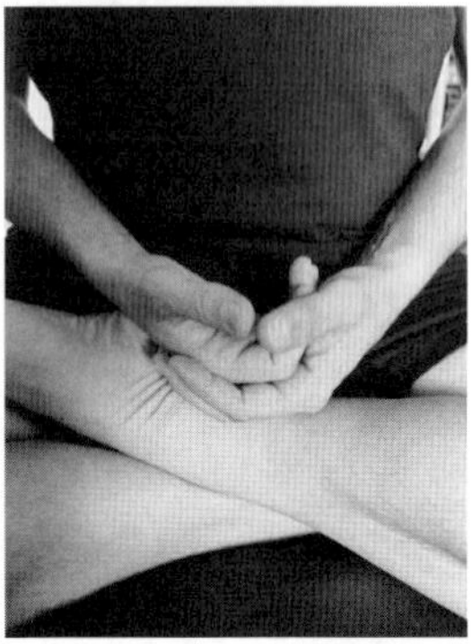

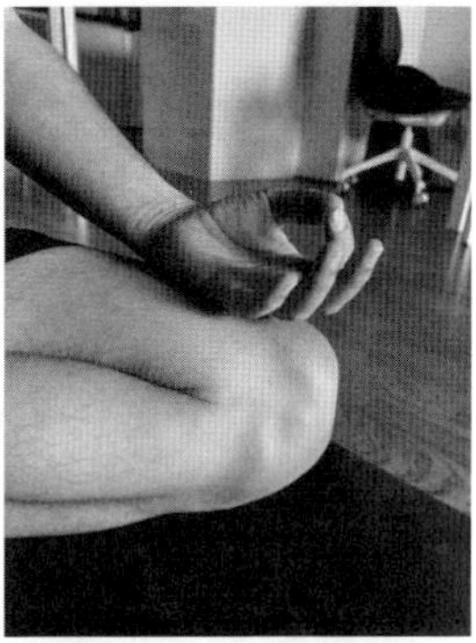

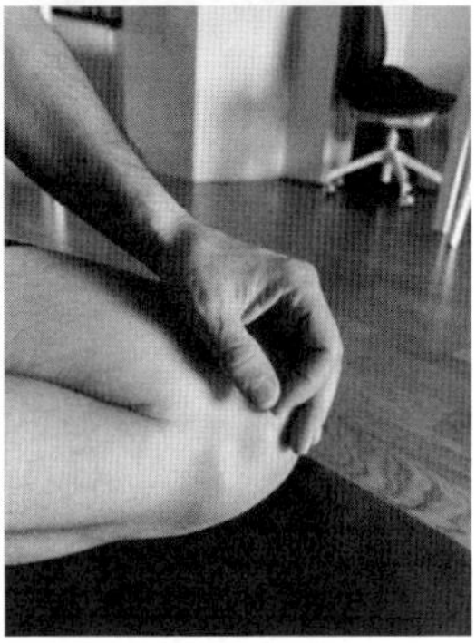

亞洲古代典籍強調，冥想時要保持脊椎挺直，腹部微收，這樣有助於挺直背部。換句話說，把肚臍輕輕向內與向上提（此處運用意念大過於實際肌肉收縮），能幫你坐直，且更容易保持專注。

許多人在高度專注時會不自覺咬緊牙關或緊繃臉部肌肉（下巴、額頭、眼睛），這樣的緊繃對練習無益。

因此，開始冥想時，輕輕閉上嘴巴。檢查嘴唇和嘴角是否放鬆，如果臉上能帶著蒙娜麗莎般的淺笑，那就再好不過了。確保臉部所有肌肉都放鬆。讓舌頭放鬆，或輕輕抵住上顎前端。

如果你參與團體冥想，記得關手機，事先擤鼻子和清喉嚨，避免冥想時打擾他人。

讓下巴與地面平行，不過度往上也不刻意內縮，水平保持在中間。冥想時可以閉上眼睛，或是眼簾微開，視線不聚焦。放鬆肩膀，保持平衡。將肩胛骨微微往中間集中，能敞開胸口，避免駝背。

冥想前的準備

專注於呼吸不是冥想最終的目標，而是冥想前的重要準備。這能幫助我們平靜思緒，順利把心思放在冥想對象上。

每次冥想前，先設定良好動機，找到舒適的姿勢，輕閉雙眼，讓身體靜止，不再移動。接著專注在鼻尖，觀察呼吸而不加控制。一個循環數十個呼吸，每個循環包含吐氣和吸氣。先數吐氣，再數吸氣。如果分心，就重新開始數。建議完成三輪，每輪十次吸吐，然後進入主要冥想。

建議準備筆記本，冥想後記錄下你的領悟和行動計畫，以創造美好的伴侶關係。

第三部

各種練習與冥想

維持關係的動機

讓我們來聊聊你爲什麼想要伴侶關係？既然這是一本談感情的書，問這個問題好像有點多餘，但我們之所以提出來，就是因爲你的「原因」對實現目標而言至關重要。我們爲什麼想和最親的人有良好的關係？這種基本人性需求的出發點是什麼？

每個人都有自己的理由：有人渴望愛與關注，有人想彼此照顧、保護，或是得到情感滿足跟身體的愉悅。不少人說他們想組家庭，是因爲他們想找個人一起養育孩子，這些目標都很美好。

在亞洲古代智慧的教導中，建立關係還有層次更高的動機。如果我們在創造伴侶的練習中加入這些更高的動機，我們種下的種子會更有力量，結果也會更快顯現。

如果你追求關係的目標並不是爲了一己之欲求，而是想幫助他人，這段特殊的關係會成爲你人生力量的源泉。這種動機不會偶然發生，而需要努力培養，但是一旦培養出這樣的動機，種出伴侶的過程會更迅速，出現的伴侶也會超乎你的想像。

我們必須清楚知道，目標背後的動機，對結果會產生決定性的影響。

古代的冥想與哲學大師說過，人之所以有與他人建立關係的渴望，源於兩個深層的理由。

第一個理由，我們渴望和某個特別的人親近，是因爲我們天生就想給予、分享。如同前面所說的，所有人內心深處都有敞開自己和給予的渴望。我們內在嚮往自己能比平常更無私。潛意識裡，我們都在尋找那個可以眞心付出、完全敞開心胸的對象，哪怕生命中只有這麼一個人也好。即使我們因爲害怕不被了解、覺得自己不夠好、怕被拒絕或受傷，而在心上築起高牆，這份渴望依然存在。我們生來就有愛的能力，但隨著一次次失敗、受傷，慢慢長出硬殼，變得自私、多疑又憤世，把一切都鎖在心裡，直到我們的心慢慢變得冰冷僵硬，隱隱作痛。

在更深的層次上，想把自己交付給另一個人的渴望，其實是想擺脫對自我錯誤的執著。我們每天大部分時間都只考慮到自己：我要吃什麼？我要看什麼？我要做什麼？我要用什麼洗髮精？永遠都是我、我、我，所有事都繞著我轉。當我們眞正理解筆的意義時，就會慢慢明白：我們一直想取悅的「我」根本不存在。順帶一提，每當我們感到焦慮、怨恨、懷疑、憂鬱或憤怒時，想的幾乎都是自己。

當我們開始關注他人，在意別人的需求和渴望時，我們的心會變得舒坦又自在。她想吃什麼早餐？她今天想做什麼？即使只是想幫某人緩解頭痛，或是做一頓他喜歡的早餐，都能創造和諧的關係。弔詭的是，關注他人反而能確保我們得到想要的一切。爲什麼？因爲我們付出什麼、就會得到什麼，這就是筆與四步驟帶給我們最深刻的領悟。當我們不再執著於自己時，就能從自私中解脫，心也會隨之開放。而只有心敞開時，我們才會得到眞正的快樂。

當我們思考自己與伴侶在當下或未來的關係時，試著把注意力放在「我能給對方什麼」上面。練習放下所有恐懼，哪怕只有五分鐘也好。

至於爲什麼所有人都想建立關係，還有另一個關鍵的原因。不過，對大多數人來說，這個原因都埋藏於內心深處，隱而不顯。如同書中提過的，古代藏傳典籍談到，每個人內在都有陰與陽的能量，所有人都渴望結合這兩種能量，讓自己完整。

因此，在更深的層次上，我們想先平衡這兩股能量，當我們達到內在陰陽平衡的狀態之後，再將它們連結在一起。如果我們做到了，就會成爲完整而圓滿的存在。我們內心深處渴望眞正的圓滿，所以吸引我們的人，恰好擁有我們缺乏的能量。

換句話說，伴侶不但讓我們更圓滿，也更接近生命的歸處。這就是爲什麼許多情詩都出現「如今我終於變得完整」或「有了你，我的生命更圓滿」之類的句子。這些形容不只是修辭。順便一提，這也是所有修行法門，包括瑜伽體位法的目標，那就是成爲一個圓滿的存在——當我們達到這個狀態時，就不再有痛苦煩惱，所有負面思維和情緒都會停止，也因此消除了衰老乃至死亡的因緣。

這聽起來像科幻小說的情節（說眞的，《俱舍論》讀起來確實有科幻感），但如果你記得筆的故事，就不難理解，我們的身體也是心識種子的投射。當我們改變這些種子，我們就會變得截然不同。當我們和他人建立親密關係，在潛意識層面想完全向某人敞開時，其實是在追求那個最深刻的目標。

再次強調，古老的瑜伽教導提到，人對性的渴望其實是想融合陰陽能量，並將這股能量導入身體中脈的至深渴望。我們潛意識裡都想幫助他人，要做到圓滿，就需要連結並掌握陰陽兩種能量。

建立關係的第三個重要理由是成爲他人的典範。如果你多年來尋尋覓覓，一直找不到理想伴侶，卻突然「奇蹟似地」找到完美伴侶，或是一下子還清了多年的貸款，整個人看起來容光煥發，朋友們一定會問：「你是怎麼做到的？」

然後，你就可以告訴他們筆的道理和四步驟。到時候他們也會想運用這個體系來打造美妙的伴侶關係，過著成功的生活。一旦他們做到，他們的朋友也會想知道這個辦法，於是一傳十、十傳百，有一天全世界都在運用這套方法。屆時，你就是引領這股風潮的始祖，人人因爲你而學到怎麼創造快樂與幸福。

如果你心中懷抱上述的幾種動機來創造自己的伴侶，你種下的種子就具有強大的威力，因此，你的伴侶會迅速出現，他的外表也會比你想得更有吸引力。

冥想1：創造追求關係的強烈動力

找到舒適的冥想坐姿，掃描全身，確保背部挺直。

閉上眼睛，放鬆臉部，將注意力集中在鼻尖一到兩分鐘。單純觀察呼吸，不起其他念頭。如果心思飄移了，將注意力帶回冥想的對象，專注於鼻尖的呼吸。

想像你能敞開心胸，把自己完全交付給另一個人。那個人無條件地愛你，不求任何回報。想像你有顆寬廣慈愛之心，不管什麼樣的人事物都傷不了你。

你想在關係中給予伴侶什麼？你如何關心與幫助對方？

你是否想過自己能擁有一段讓彼此更加圓滿、充實而深刻的親密關係？如果你能從伴侶身上不斷學習，成爲更好、更善良、更成功的人，這會是什麼樣子？想像理想的自己會是什麼樣子？和諧的關係如何讓你們兩個人都變得更好？你願意做出多大的改變？如果一切，包括你自己，都是心識種子的投射，你能成爲怎樣的人？

想像你成爲許多人的典範。朋友們向你請教究竟如何讓關係變得既特別又幸福，年復一年，感情越來越深厚？到時候，你會帶著滿臉笑容，告訴他們筆的故事和四步驟。

然後，你看著朋友們運用這個方法，創造出美好的關係。他們的朋友也學習這個方法，世界各地越來越多人爭相效仿。你發現自己成爲一場巨大幸福革命的推手，由於你率先嘗試，取得成功，才造就大家的幸福。

這意味著你的成功就是愛，對所有人的愛。所以，爲了自己，也爲了他人，你必須嘗試這個創造關係的新方法。

帶著這個創造美好關係的強大動機，繼續靜坐幾分鐘，然後睜開眼睛。

建議你與所愛之人一起練習這個冥想，爲你們的關係發起深刻的動機，至少要練習五次，直到你感覺動機夠強烈且清晰。你可以或專注在「我爲什麼想要伴侶關係」這個問題上。當然，在咖啡冥想時也不要忘記這份動機。

打造美滿關係的主要練習

讓我們回到種子和筆的故事。現在，我們已經確定自己過去與人互動時種下的種子，使我們投射出發光的心識圖片，進而造就了我們所有經歷。這是好消息，因爲這表示我們可以創造，也就是種下我們的伴侶。

當然，說「我想要一個伴侶」，眞正的意思是我們想和某人開心地在一起。這表示我們不是想隨便找個人，而是想找最適合我們的伴侶。因此，我們需要學習兩件事：

第一，如何種下「一個」伴侶（他身上不具備我們所喜歡的特質）。

第二，如何讓這個伴侶具備我們想要的每一個特質。

讓我們用買車爲例來理解，然後應用在種出伴侶上。買車的第一步是決定要購買。目標是把生活從「無車」變成「有車」。在種子系統中，物體本身（在這個例子中是車子）的種子，稱爲「投射種子」。

接下來會出現的問題是：「我們想要的車應具備什麼條件？新車或舊車？大車或小車？藍、紅、黑、白，哪種顏色比較好？什麼樣的引擎和車型比較合適？」因此，我們需要列出想要的特質。古代經典稱這些代表物品特質的種子爲「圓滿種子」。

伴侶也是如此，伴侶屬於投射種子。因爲我們想找個伴共度餘生，所以要確定種出來的結果，不是只要有個人就好，這個人還得具備我們想要的所有特質。我們需要發掘如何同時種下伴侶（投射種子）和我們想要的特質（圓滿種子）。

創造伴侶四步驟（投射種子）

我們究竟要怎麼種種子，伴侶才會出現？什麼方法能讓我們種的種子開花結果，讓完美的伴侶出現在生命中？讓我們運用四步驟①。

從心識種子的角度來看，我們該如何解釋「有」伴侶所代表的意思？基本上，有伴侶代表我們能和所愛之人相處。所以，這就是我們需要種下的。如果我們把時間用在極需陪伴的人身上，種子的威力會特別強大。因此，若想種出伴侶，我們要找一個非常孤單的人。

第一步：定下目標，用一句簡單的話表達。

例如：「我想要一個伴侶」或「我想和所愛的人生活在一起」。

你也可以加入動機，說明你為什麼想要關係：「我想要一個伴侶，我希望自己能向這個人敞開心胸，給予愛與關懷。也許我能透過這段關係成為更好的人，成為他人典範，幫助更多人擁有美滿和諧的關係。」

第二步：找一位目標跟你相同的種子夥伴。

以找伴侶來講，如果你陪伴非常寂寞的人，你種下的種子就能產生深遠的影響。世界各地的養老院裡，常有被遺忘的孤單長者。到處都有年老體衰、無法自理的老人。把他們自己留在家太危險，但是大家都在忙，沒空能照顧他們，因此只好把長輩送進養老院。另一個可能是，這些長者身邊根本沒有親人能陪伴或照顧他們。如果你去過養老院，你就能親身體會老人有多孤單。

①欲見詳細的四步驟方法介紹，請參考本書第二部。

現在，你可以決定自己何時要開始照顧這個長輩，最好連照顧方法都一起想好。想好行動計畫之後，再決定要去哪家養老院選擇你的種子夥伴。

第三步：每週花一到兩小時跟夥伴碰面，幫他減輕寂寞感。

每個社區和城市都有養老院，裡面住著受到忽視，孤身一人的長輩。有些組織會和志工合作，照顧長者。找一間離家或公司近的養老院，好讓你每週固定一天去探望你選定的長者。你陪伴種子夥伴的時間，會種下創造伴侶的種子。

決定每週哪一天、什麼時段最適合你定期探訪這位寂寞的人。

第四步：用咖啡冥想來喚醒你的種子。

如果你想讓種下的種子快速開花，一定要每晚進行第四步：咖啡冥想。基本上，這就是要我們開心地回顧第三步，因爲我們提供陪伴，讓他人不再孤單。如果我們跳過咖啡冥想，種子開花的速度不夠快，我們就會以爲這個系統沒用，這眞是大錯特錯。首先，這些種子鐵定會開花，只是如果拖太久，等到伴侶種子終於開花時，我們可能會忘記它跟種子有關。

所以，每晚睡前坐下來，回顧你和這個夥伴種種子的過程，並爲此感到歡喜。

你回想的細節越多，動機越清晰，以下讓我們提供一個例子：

「我很開心能花時間陪這個人，讓他不再寂寞，這會在我的生命中帶來相同的結果，這是創造伴侶關係唯一的方法。」

你越能爲自己良善的行爲歡喜，種子就會越快成熟來回報你。最理想的是在咖啡冥想時，也複習你想要伴侶關係的高層次動機。

記住，這個冥想是最後也是最重要的步驟，若有好好執行，你種下的種子就能盡快開花，讓你早日遇見夢中情人。

冥想2：種出伴侶關係的咖啡冥想

每晚睡前都要進行咖啡冥想②。

在你最喜歡的沙發或椅子上坐下，也可以躺在床上。如果你願意，就閉上眼睛，帶著微笑愉快地做三次深呼吸。放鬆。如果出現其他念頭，將心思帶回冥想的對象。

想想你種關係的動機，你爲什麼想和他人建立關係？

想想你的種子夥伴，那個你在養老院遇見的特定對象。例如：回想上次和種子夥伴見面的情景，在腦中像電影一樣重播。他看到你出現時有多開心？

從業力夥伴的視角重播你們的相遇。見面時他們是什麼樣子？穿什麼衣服？看著他們自己坐在養老院內的房間，年復一年困在同樣無趣的處境中。

然後你穿著黃色上衣走進房門，對他們微笑，爲他們黯淡孤單的日常帶來一抹陽光。對他們來說，這個充滿喜悅和溫暖的時刻多麼難得。他們想握著你的手，聽聽你的聲音，看著你親切的表情，再次向你提提自己的往事，像是初戀或是人生中辛苦的過往。

一次又一次回憶與這位夥伴相遇的細節和情感。你可以在心中擁抱他，感受你的來訪帶來的喜悅。傾聽你的身體，好好去感受你和對方之間的界限逐漸消失。你們的喜悅相互交融，彷彿讓你們連成一體。

花幾分鐘專注在那種感覺上，把這個感覺當作你的初吻，一再回味。試著融入

---

② 咖啡冥想之所以提到「咖啡」，是因為這個冥想是麥可．羅區格西的老師肯仁波切（洛桑塔欽格西）教他的。肯仁波切從前是色拉昧寺的住持，也是一九五四年各大寺院聯合辯經的冠軍，所以他是比賽那年第一位端著咖啡坐下來放鬆的僧人。在這裡，「泡一杯咖啡」是種譬喻，表示這個練習很輕鬆，而不是做這個練習就非得喝咖啡不可。但我們喜歡稱這個練習為「咖啡冥想」，以對傳授這個冥想給我們的上師表達敬意。

這種與人溝通、帶來喜悅和快樂的慷慨狀態。這就是你想一再體驗的狀態。

想想你多幸運，能有這個特定對象讓你照顧。沒有這個人，你就沒機會為你正在創造的靈魂伴侶種下種子。在心中誠摯地感謝他們。

你也可以想想這週遇到的恩愛情侶。也許是你認識的朋友和她的另一半，或是街上、咖啡廳裡看到的牽手、親吻、嬉笑、深情相望的情侶。為他們歡喜，因為這是你的第三朵花（回顧本書第二部的四朵花說明）。是你創造了他們。他們也來自你的心識種子。

告訴自己：「我看到戀愛中的人越多，就代表我離理想的關係越近。即使我不記得具體的行為，但是我在周遭看到這麼多幸福情侶的種子，就表示過去我一定照顧過孤單的人。」就算你不記得自己做過什麼，為你種過創造這些情侶的種子而歡喜，仍是明智之舉，因為此結果證明你一定做過某些事（記住種子的第三和第四定律）。

現在你明白，你不只是在找伴侶，而是在用種子系統創造美好關係！你知道沒有事物是獨立存在的，這代表你過去的行爲創造你現在所感知的一切，毫無例外。因此，有意識地以照顧他人來種下關係的種子，是很合理的作法。你應該替自己開心，因爲你不但理解這個道理，也實際運用在生活當中。

想像你以後會成爲他人的典範。當朋友看到你和所愛之人的關係幸福美滿時，他們也想效法。你會教他們筆的道理和四步驟。他們也會嘗試並創造美妙的關係。然後他們也會把種子系統分享給別人，依此類推。你會樹立榜樣，讓大家知道，若要在關係中幸福，就要照顧他人。

最終，當每個人都明白這點，這世界上就不會再有孤單的人。大家都想照顧寂寞的人，養老院會大排長龍，需要預約才能探訪。

最後我們以迴向❶來做結尾，請想著：「願我和他人所做的一切善行，帶領我

---

❶迴向為佛教術語，在大乘佛教中通常指迴轉自己所修之功德於眾生或法界，助其早日成就佛道，是菩薩修行的一部分。若要用比較貼近日常生活的語言，我們可以說把自己所做的善行「在心中送給」眾生。參考資料：法鼓山心靈小品（https://reurl.cc/p9lxEQ）。

達成目標，也願每個人都達成目標。願所有和我目標相同者能實現他們的目標。願我成爲周圍人的活榜樣，藉此讓所有人都能達成目標。」

當你準備好時，睜開眼睛，或帶著愉快的念頭和深刻的動機，安心入睡。

我們建議你在睡前進行咖啡冥想，但其實這個冥想隨時隨地都能進行。想像自己在平常冥想的空間，舒舒服服，閉上眼睛，愉快地回憶你爲了達成目標而種下的種子。

當你透過四步驟練習種下伴侶的投射種子，一定會有人出現，陪在你身邊，但他們會是什麼樣的人？我們想要完美的伴侶，所以，接下來讓我們仔細分析，種種子時，如何同時種下我們想在他們身上看到的特質。

伴侶的特質（圓滿種子）——以隨喜[1]的方式再次種下種子

當你列出自己想在伴侶身上看到的特質時，有個重要規則：千萬別害羞。切莫懷疑或不安，如果世界來自你的種子，你就能得到一切想要的。勇敢地列出完美清單，然後種下你想看到的特質。當種子開花時，你會既驚喜，又快樂。

有句名言說：「事物的美醜，端取決於觀者。」接下來，我想舉例討論許多人在找伴侶時相當重視的條件，也就是美貌。

[1] 隨喜，為佛教用語，意思是看到別人身上有好事發生，也發自內心感到歡喜。參考：法鼓山學佛Q&A（https://reurl.cc/yDpWkq）。

客觀的美存在嗎？不存在。即使是最知名的超模，在不同人眼中看起來也不一樣。男人眼中她們魅力十足；女人可能因嫉妒而視而不見，俗語說「癩痢頭的兒子是自己的好」，父母總是用特別的眼光看自己的孩子，但在旁人眼中，這孩子可能普普通通。

你可能想問我，蚊子的眼光呢？嗯，蚊子可能也覺得超模秀色可餐，但超模對蚊子的吸引力，可能像人看到食物的感覺。這點再次證明事物的空性。我們看到的美的確取決於觀者，如果過去種下美的種子，觀者必然會看到美。古代經典描述美的根本因，是「無論發生任何事，都不生氣」。怒氣和美貌之間有什麼關聯？想想看，如果一個人的臉上從不出現醜陋（憤怒）的表情，「他所到之處」都只會看到美麗的容貌。

需要更多證明來說明「世界來自你」嗎？我們在伴侶身上看到的美不可能來自伴侶本身。如果美來自伴侶本身的話，那麼蚊子看到穿著清涼的超模，反應也該跟充滿睪酮素的青春期男孩一樣（除非這隻公蚊子喜歡同性，男同志的反應與一般男性不同，這恰好提供另一個例子，證明美來自於觀者）。但是，蚊子看不到這種美，因爲物體的自性不來自物體，而來自觀察者的種子。這個例子是普世眞理顚撲不破的證明：世間一切本身皆無自性，我們所見來自於自己。除了自己的種子強迫我們感知的以外，我們不會經驗到其他實相。

我們周遭的美好事物也來自過去的善行（見四朵花之第三朵）。這意味著有個絕妙方法重新種植過去的善行：欣賞我們所看到的美好（咖啡冥想）。原來，我們所見之美都來自過去種下的種子。當我們意識到這點並讚嘆周圍美好的事物時，可以將這些美的種子迴向我們正在創造的伴侶，這是探究因果關係的好時機。

渴望的結果	所需的種子
無不良嗜好	停止自己的惡習與癮頭。享受自己的成果，把這些都迴向給伴侶。
會聽我訴說心事	傾聽他人，若身邊有很好的傾聽者，享受他們的陪伴，並把這些都迴向給伴侶。
尊重	尊重他人，並隨喜自己對他人的尊重。
忠誠	尊重他人的伴侶關係，欣賞自己身邊對彼此忠誠的伴侶。
善於表達愛	對他人表達關愛，只要看到周圍有愛發生，隨時都可以隨喜。
浪漫	幫他人相信浪漫的確存在，欣賞你看到的浪漫事蹟。
賞心悅目	完全不發脾氣，欣賞你所看到的美。
聰明	與他人分享你擁有的知識與技能，特別是對筆與種子的理解。
有責任感	做個有責任感的人，例如：準時。
對靈性感興趣	欣賞周圍奇妙的事物，即使是小事也無妨。

練習運用種子法則，讓伴侶身上出現你想要的特質

列出你想在伴侶身上看到的特質。也許你想看到美貌、愛心、智慧，或對關係和生活的熱情。時時刻刻牢記這份清單。

下定決心，有意識地在周遭世界尋找並關注這些特質。每當看到其中一個特質，先停下來，記住這是來自你過去某個善行，並爲此歡喜，然後將這些特質導向你理想中或目前的伴侶。

現在回想，你是否曾在自己身邊看到特別想在伴侶身上見到的特質？記下你所想要的特質，與當時發生的情景，因爲你曾經透過做類似的事種下這些種子。記住，這是你的投射，來自過去種下的種子。你不需要記得自己做過什麼，光是看到結果就證明你做過類似的事。爲你的世界出現這些而高興。

你也可以種下新的特質種子，導向你的伴侶。想想你該用什麼辦法種下清單上的種子？如何培養你想在伴侶身上看到的特質？

現在想著你的伴侶，就是你正在創造或升級的那位，然後在心中把你肯定做過的善行之禮送給他們，實踐善行造就了你看到的美好結果。例如：「親愛的，我想送你我所見之美、所聞之智慧、所感受之愛與熱情，這些都來自我過去的善行。因爲過去實踐的善行，造就我在自己和他人身上看到美好的特質，所以我發自內心將它們當作禮物送給你。」

最後，我們加入咖啡冥想。我們開開心心冥想，因爲你現在知道一個永遠有效的伴侶創造法。我們帶著喜悅冥想，因爲你想要什麼特質，就能種下什麼特質，不僅如此，你還能滿心歡喜地欣賞已經存在的好種子，並以此創造對方的特質。最棒的是，心識種子永遠不會過期。只要記得咖啡冥想，你就能無限迴向，享受這些種子的力量。

這個方法看起來可能很神奇，也的確很神奇。當你嘗試這個練習並得到結果時，你會開始活在一個不同的、美妙的實相中，身旁伴侶的特質全是你種出來的。

化解伴侶關係中的難關

宇宙運行的方式絕對天公地道，不應得的事不會發生在你身上。如果你種下正確的種子，伴侶就不會離開、改變或虧待你。

但我們都有不好的種子，它們終究會成熟。當這些壞種子成熟時，就會在關係中製造障礙和問題。所以定期清除負面種子，以及馬上採取行動都很重要。我們用四力量來瓦解壞種子。

我們這麼做，並不是要躲過宇宙萬物必有回報的法則。四力量讓心識種子提早成熟，它會冒出小芽，但不會長成大樹，以關係爲例，就是不會造成重大問題。當種子提早發芽，我們可能會頭痛一整天，但不會大吵一架，或鬧到離婚。

我們建議你養成定期練習四力量的習慣，盡快淨化壞種子，你會感到更輕鬆自在。

過去種下的許多壞種子可能正在你目前的關係中製造問題。讓我們從三個最重要的開始：外遇、破壞他人關係、說謊和欺騙。你可以用同樣的原則清除其他負面種子。本書第二部分有四力量的詳細說明。

冥想3：淨化外遇的種子

採取舒服的冥想坐姿，保持背挺直。

眼睛閉上，臉部放鬆，花一到兩分鐘專注於鼻尖的呼吸，純粹觀察呼吸，不起其他念頭。當心思跑掉了，就把注意力輕輕帶回呼吸。

第一力：空性，那支筆。

記住：「我周遭的一切人事物都來自我，這些種子如何發芽，端看我如何照顧他人。我的行爲、言語和思維反映出我的世界。」

回想筆的故事。在同一時間內，出現一個物體，但是對不同的生命而言，這個物體卻是完全不同的東西：對人而言是筆，對狗而言是玩具。這表示事物本身並不具備自性，那些特性來自我們。我們世界中所有的人事物也是如此。因此，我在關係中看到的缺點，或過去做過的壞事，一定會回到我身上。

第二力：明智的懺悔。

「根據種子第二定律，我心中的種子每天都在成長和倍增。我不希望我和伴侶之間出現嚴重的問題。現在，在這些壞種子在我心中成長並毀掉我的關係之前，我必須阻止它們發芽。我不是壞人，但我曾經犯過錯。現在我發現，因爲我過去曾向有伴侶者示好、跟他們約會，或對伴侶不忠，所以我種下了壞種子。」

對你過去的錯誤，升起強烈的懺悔之情，但無須帶著罪惡感，如果我們不小心幫汽車加錯油，我們的確造成失誤，但以前是我們無知，並非刻意而爲，所以沒關係，不要有罪惡感！

第三力：保證不再犯。

你得保證不再犯同樣的錯。保證以後永遠不和有伴侶的人搞曖昧或約會，也不背著自己的伴侶偷情。

該如何幫自己信守以上承諾呢？有個很好的機制給你參考，想像伴侶就坐在你身邊，他們會看到你所做，聽到你所說，就連你內心最深處的想法，他們也會知道。然後，不管跟任何對象相處，切記別說出或做出伴侶在你身邊時，你不會做的行爲。當你在工作場所或商店，遇到異性用挑逗的眼神看著你時，選擇不回應，信守對伴侶的承諾。

如前所述，針對某些壞習慣，如果我們保證永遠不再犯，反而會變成說謊。所以面對這些（容易犯下的）錯誤，只要限定時間內不再犯就好。

例如：我們不可能保證永遠不再生氣，但你可以保證接下來的五分鐘不生氣。信守承諾，把這份承諾的力量迴向出去，勤練習短時間內不生氣。

第四力：對治。

最後一步是平衡，平衡的原則是採取相反的行動，所以我們用好種子來平衡壞種子。舉例來說，若你曾對伴侶不忠，在平衡這一步，你要讓有伴侶的人在你身邊覺得安心。他們不需要擔心你會造成他們感情破裂。永遠保護他人的關係，協助他人與所愛之人相守。記住，問題或壞種子越大，對治的方法就要越有力。

在所有對治法中，種子體系屬於最有效的那一類。

當你準備好時，睜開眼睛。別忘了爲冥想中計畫的事付諸行動。

冥想4：清除挑撥離間的種子

找一個舒服的冥想坐姿，背打直。輕輕閉上眼睛，放鬆臉部，把呼吸帶到鼻尖，在這裡停留一到兩分鐘，觀察呼吸，不起其他念頭。若心思跑掉了，把注意力輕輕帶回來，專注於呼吸。

第一力：那支筆。

「我周遭的一切都來自我，我照顧他人的方式會決定我所種下的種子。我的行爲、言語和想法會反映出我的世界。」回想筆的故事。因此，即使我之前不是故意造成他人反目或逐漸疏遠，也會影響我達成目標，且只會讓我原本良好的關係出現紛爭。

第二力：明智的懊悔。

「我心中的種子每天都在生長倍增。我不希望自己的關係破裂。最好在這些壞種子還沒在我心中成長，並毀掉我的關係前停下來。我不是壞人，但是孰能無過？現在我意識到，當我透過行為、言語，甚至念頭分化他人關係時，就已經種下壞種子。」

也許你曾做過一些事，導致同事爭執、情侶分手，或是親子關係破裂。透過這一步為過去的錯誤懺悔，不需要帶著罪惡感，只要認識到當時做錯了就好。

第三力：保證不再犯。

你需要設定一段時間，保證不再重蹈覆轍，不造成他人關係破裂。如果你公開批評朋友，他們的親密關係可能因此受影響，所以向自己保證，一段時間內不說任何人的壞話。爲自己許下的承諾設定時間期限，這個期限要有一定的挑戰性。

第四力：對治。

保證會以好種子平衡壞種子。如果你批評了朋友，接下來一週，你可以找出他們的優點，誠心誠意對他們表達欣賞。如果你造成他人爭吵，對治方法可能是當和事佬。想想如何讓你周遭的情侶減少吵架的機會，促進他們更了解也更關心彼此。

當你準備好時，睜開眼睛。記得實踐所有計畫。

冥想5：消除謊言與欺騙的種子

找一個舒服的冥想坐姿，背打直。輕輕閉上眼睛，放鬆臉部，把呼吸帶到鼻尖，在這裡停留一到兩分鐘，只要觀察呼吸，不起其他念頭。當心思跑掉了，就把注意力輕輕帶回呼吸。

第一力：空性，那支筆。

記住：「我周遭的一切都來自我，我照顧他人的方式會決定我所種下的種子。我的行爲、言語和想法會反映出我的世界。在同一時間內，出現一個物體，對不同的生命而言，卻是完全不同的東西：對人而言是筆，對狗而言是玩具。這表示事物本身並不具備自性，那些特性來自觀察者。我們世界中所有其他物體、人和情境也是如此。因此，我在關係中看到的所有缺點，或我做過的所有傷害關係的事，一定會回到我身上，特別是謊言和欺騙。」

第二力：明智的懊悔。

「心識種子每天都在生長倍增。我不希望自己的關係破裂，更不想被欺騙。最好在這些壞種子還沒在我心中成長，並毀掉我的關係前停下來。我不是壞人，但我曾經犯錯。我以前曾經對他人說謊、誇大其辭或淡化問題，現在我知道說謊，欺騙他人讓我種下了壞種子。若不清除這些種子，我身邊會充滿騙子，誰都無法相信。被心愛的人欺騙，是既痛苦又難受的遭遇，我不希望我愛的人外遇。沒有人會想活在一個欺騙是常態的世界。我不想被騙。」

透過這一步爲過去的錯誤懺悔，不需要懷著罪惡感，只要認識到當時做錯了就好。

第三力：保證不再犯。

向自己保證，在一段特定時間內不再犯類似的錯。你可以這麼想：「我會盡力一輩子不再欺騙或說謊。同時，接下來這一個月，我保證仔細寫日記，每天檢查自己是否說謊、欺騙他人、誇大其詞，我希望自己盡可能實話實說。」

第四力：對治

向自己保證以好種子平衡壞種子。若要平衡欺騙和謊言，就說實話。找一位你能誠實以對的人，跟他們約好時間，對他們坦白。你甚至可以說出一直藏在心底的事。在心中選個對象，感受一下，當你能對他們說實話，那樣的感受該有多美好。

當你準備好時，睜開眼睛。記得實踐你擬定的計畫。

冥想6：聯繫他人情感，為自己打造經得起考驗的關係

如果你希望和心愛的人關係美滿，就要盡一切努力幫他人維繫情感，尤其是關係出問題的人。

找一個舒服的冥想坐姿，背打直。輕輕閉上眼睛，放鬆臉部，把呼吸帶到鼻尖，在這裡停留一到兩分鐘，單純觀察呼吸，不起其他念頭。當你注意到心思飄移

時，把注意力輕輕帶回呼吸。

想一想，你生命中是否有某些伴侶時常爭吵、誤會對方或不時互相抱怨？想想幫他們和好的辦法，怎麼樣讓他們更了解也更關心彼此，開開心心地在一起。鎖定一對伴侶，思考如何具體地幫助他們。

同時，你也可以想想朋友和同事：你能不能有意識地採取某些行動、說些話或想些辦法，讓大家關係更好，在工作上團結一致，還能共同做些有意義的事？你可以當中間人，個別向團隊成員傳遞彼此的正面訊息，幫助他們互動更融洽嗎？爲了促進周遭親友之間的關係，你可以採取哪些行動？

你要做到讓大家想到你時，就會浮現這些想法：「這個人絕不會破壞他人關係，他不說這種話，也不做這種事。有他／她在就很愉快，因爲他／她總看到每個人的優點，幫大家找到共同點，只要他／她在，氣氛就很融洽，因爲他們總能找到方法讓我們好好相處，連互看不順眼的人也放下歧見。」當你善於此道，你會發現自己不再擔心伴侶出軌，也不會吃醋，不僅如此，你們的關係還越來越好。

當你準備好時，睜開眼睛。記得實踐你的計畫。你可以在黃金屋冥想後，加碼練習聯繫感情的冥想，或在一天之中另外抽空做這個冥想。

冥想7：黃金屋冥想

在所有冥想中，黃金屋冥想可能是創造完美伴侶的最強大且最重要的練習。這是千年藏傳系統中的經典冥想，也是開啓一天最理想的心智練習，時間可長可短，十分鐘到半小時都可以。

要怎麼讓冥想發揮威力？重點在於，透過一再練習，我們把理想伴侶的樣子牢牢烙印在腦海中，並藉此種下種子，好讓他們眞的帶著這些特質出現

在我們的生命中。不僅如此，重複練習冥想也會提升我們的幸福感、清晰度，讓我們在生活中看到更多美善。

找一個舒服的冥想坐姿，背打直。

輕輕閉上眼睛，放鬆臉部，把呼吸帶到鼻尖，在這裡停留一到兩分鐘，只要觀察呼吸，不起其他念頭。當心思跑掉了，就把注意力輕輕帶回呼吸。

想像你在山頂上的一座美麗小屋裡。屋內有三面採光。陽光由窗戶傾瀉而入，地板、牆壁和室內都染上一層明亮的金光。

暫停並把注意力放在你周圍的環境上。

透過窗戶看向無雲的天空。把心思帶到明亮、深邃的藍色天空。深深沉浸在這一片湛藍之中，專注而忘我，以至於感覺不到其他事物。你甚至可以說，現在你的心思具有藍天一般的品質。

暫停並保持專注。此時此刻，這是你唯一需要注意的事；你在正確的時間，來到正確的地方。

然後，往下看向地平線。你可以看到一片廣闊的綠色樹林和草原。讓心靜靜地停留在那裡，專注於這一片綠。

再次暫停並保持專注。

現在回到房間，把注意力集中在正門上。你知道你的靈魂伴侶即將到來。這時，門緩緩打開，你的完美伴侶出現在門口。當他/她一走進這個房間，你們的目光相遇的瞬間，你們馬上認出彼此，也感受到對彼此無盡的愛與關懷。無論你做什麼，這個人都會以神聖的愛愛著你。

當你的伴侶走過來，在你對面坐下，一起冥想時，你們的眼神持續交流。陽光像第二層衣裳般灑在你們身上，閃耀著金色的光芒。

暫停並繼續保持專注。

即使閉著眼睛，你也能感受到伴侶充滿愛意的注視。此時重點是你對眼前伴侶的感受，不能像看著平面的照片，要好像他現在就在你面前，真實而活生生的！你能感受到他／她的膝蓋輕輕碰觸著你的膝蓋。你能聞到伴侶身上淡淡的香氣，就像美妙的花香味，他的存在近乎神聖，帶著溫暖和呼吸。你能聽到伴侶呼吸時衣服發出的輕微窸窣聲。

暫停並將心專注在這個場景上。

我們的目標是安詳平靜地停留在這裡，繼續冥想與對方深刻的連結。這個人對你有無限的愛。你感受到這份愛遍布全身。只需要繼續想像並注視你理想伴侶的雙眼。如果你發現自己分心，開始想其他事，只需要溫柔地將注意力帶回他的雙眼上。你什麼事都不必做，別著急。只需要與摯愛一起處於當下此處，專注於那雙美麗而充滿愛意的眼睛。

暫停並保持專注。

當你準備好，我們會在你疲乏之前結束冥想：想像你的理想伴侶漂浮到空中，然後在你面前縮小到約兩公分大小。他們慢慢轉身、面向與你相同的方向，默默上升到你頭頂並停在那裡。你的完美伴侶繼續縮小，小到只剩一粒米那麼大，然後從你頭頂進入你的身體，沿著脊椎下降到心臟的位置。你在心中預留了一個特別的位置讓他們停留，這樣你隨時都能與他們連結。

暫停並保持專注。

最後，把這些種子迴向出去，送給世界上所有的人，在內心想著：「感謝我剛剛種下的好種子，我將遇見我的完美伴侶，我們將一起幫助所有人找到他們的意中人。」

做三次緩慢的深呼吸，專注於吐氣，然後回到當下所在之處，張開眼睛。

這個美好的冥想幫我們保持一境專注，並種下對伴侶的體驗。藍天的純淨引導心靈進入深層的平靜與開放。綠色山谷讓我們與大地連結並保持腳踏實地。帶著眞誠的感恩之心，好好注視著愛我們的人的雙眼，絕對是我們在生命中能種下和體驗

彼得與瑪麗雅在做冥想練習。

最好的種子前幾名。我們建議每天在固定時間進行這個冥想，最理想的時段是早餐前。

我們的伴侶跟那支筆一樣具有空性，對許多人來說，觀想自己理想的伴侶久了之後，他們會以貼身導師的方式現身，成爲我們的守護天使，幫我們活出嶄新的自己。這個練習還有個很棒的加乘效果，因爲我們定期把注意力專注地放在至高的業力對象上，所以我們的心智會釋放強大的潛能。在藏傳佛教體系中，這是終身的晨間修行，每天可進行十到三十分鐘，端看我們的專注能力能持續多久。

如果你想在現任伴侶身上看到改變，持續練習這個冥想，直到你在他/她身上看到具體的改變。一般來說，我們建議至少進行一年，或直到你的伴侶出現爲止。

以祕密手勢認出你的靈魂伴侶

你可以用前面提到的辦法，一一種下你想要的伴侶特質。重點是要在生活中尋找這些品質，爲你過去必然種下的種子由衷感到歡喜，並將這些種子迴向給你所愛的人。此外，很多人經常詢問兩個特別的主題，所以我們想在此簡單說明。

有個古老而神聖的修行方法，做法是每當你感到強烈的渴望時，就做出一個祕密手勢來呼喚你的伴侶，請求他出現。如果你做對了，當你第一次遇見對方時，你的伴侶就會做出這個手勢。憑著這個手勢，你就能認出他確實是命中注定的那個人。麥可．羅區格西在三年閉關期間寫了一本很棒的短篇著作《第二視覺》（*Second Sight*），文中詳細描述了這個修行法。當你閱讀這本書時，你能感受到經歷過長期閉關修行者的心靈能量和力量——閉關是極爲特別的修行體驗。

這個手勢是怎麼出現的？你會在冥想中接收到這個手勢。在黃金屋冥想時，你可以請求你的完美伴侶告訴你他／她專屬的祕密手勢，只有你才認得出這個手勢，像是用特定方式觸摸鼻子或額頭，或用手指把頭髮往後梳之類的動作。當你開口請求時，冥想中你觀想的理想伴侶就會做出一個手勢。之後，每當你感到孤單、絕望、無助時，你就可以請求伴侶盡快來到你身邊。在這個過程中，遇到低潮是難免的，每到這種時候，你就可以用這個手勢呼喚你未來的伴侶。

做出祕密手勢，記住你種下的種子，然後說：「我準備好了，我在等你，請你出現。」那麼當你第一次遇見那個人，對方做出那個祕密手勢時，你就能確信無疑，這就是對的人。屆時，你會震撼不已！

冥想8：創造你的祕密手勢

找到舒適的冥想坐姿，背打直。

閉上眼睛，臉部放鬆，專注於鼻尖的呼吸一到兩分鐘，單純觀察你的呼吸，不要分心。如果發現自己分心了，再溫柔地將心思帶回鼻尖。

想像你的理想伴侶坐在你對面，膝蓋輕觸。他很高興生命中有你，他深愛著你，所做的一切都是爲你好。

請對方爲你做一個祕密手勢，讓你們在現實世界第一次相遇時能認出彼此。

保持幾分鐘的靜默，像岩石一樣安住不動。

你的心非常平靜。放鬆。儘管向你的理想伴侶敞開心扉，此時，你就會看到這個手勢。相信自己看到的，當你接收到這個手勢時，千萬別告訴其他人！

做三次緩慢的深呼吸，回到當下所在，然後張開眼睛。

如何許下婚約

過去十年來，很多人問我們：「要種下什麼樣的種子才能結婚？」看來社會、家人和親朋好友，都很期待我們結婚。

每當我們聽到這個問題的時候，我們一定會問對方：「關於結婚，可以請你說得更清楚一點嗎？『結婚』對你來說具有什麼意義？」我們會這麼問，是因爲當你明白「結婚」對你的意義時，你會更容易找到和種下這個種子。

你眞正想結婚的原因，是想辦婚禮還是想辦派對？或者，你只是爲了堵別人的嘴，讓大家不再追問那些無聊的問題？還是說，你眞正想得到的，是所愛之人終身的承諾？我們猜，應該是最後這個答案吧。

如果你眞的想要畢生充滿愛與關懷的承諾，那麼，你要種下的種子就明確了。

只要你答應別人去做某件事，就要說到做到，不管對方是你的伴侶，還是其他信賴你、需要你的人。每次我們信守承諾時，我們都可以將這些種子奉獻出去，在心中看見伴侶對我們做出更長遠的承諾。若我們這輩子對每個人都說到做到，我們的伴侶也會終生履行對我們的承諾。記住，咖啡冥想是讓種子快速開花的關鍵！

冥想9：種下婚姻的種子

找到舒適的冥想坐姿，背打直。

閉上眼睛，臉部放鬆，專注於鼻尖的呼吸一到兩分鐘，單純觀察你的呼吸，放掉其他想法。如果發現自己分心了，再溫柔地把心思帶回來，專注於呼吸。

想想自己是否在某些時刻，於公或於私，答應了別人某些事。一一檢視你答應別人的事，確立明確的動機，準時履行你的承諾。擬定行動計畫，思考如何開心地完成計畫。

把這個動機和後續的承諾迴向給你的伴侶，希望他對你許下愛與關懷的承諾，與你攜手邁入幸福的婚姻。

答應自己，這輩子都要信守對他人的承諾。這會讓你的伴侶終生持續當初對你許下的諾言。

做三次緩慢的深呼吸，把自己帶回原來的房間，張開眼睛。

打造和諧的伴侶關係

維持甚至創造和諧關係最美好且愉快的練習，就是重新種下我們在伴侶身上看到的好種子，並讓它們持續成長。方法如下：早晨醒來時，甚至在睜開眼睛之前，你可以用手、肩膀或腳趾輕輕碰觸你的伴侶，並想著以下內容：

無論過去二十四小時發生什麼事，特別是如果你們之間發生摩擦，在心中列出你在他/她身上看到的幾個優點。以下提供一些例子，當然，你應該根據你現在或未來伴侶的優點，來製作自己的清單。

如果你仔細想想，其實這份清單可以無限延伸。重要的是當你醒來時，要記得具體的事。你甚至可以在腦海中重播那些你很感激且特別珍惜的小時刻。某種程度上，感恩就像喜悅，你越常感恩，這些特質就越常出現。每一件我們的心帶著喜悅專注的事物，一定會成長，因爲我們的行爲和想法所產生的心理影像，會創造我們的現實世界。

只要抱著開心正面的態度，輕鬆地進行這個簡單的練習，你就掌握到這個晨間練習的訣竅了。

不要在心裡回想前一晚的口角，或是你們對彼此的批評。記得，你要帶著輕鬆愉快的心情進行這個晨間練習，也別把它當作例行公事或必盡的責任。盡情做夢，細數你在伴侶身上看到的（或未來想看到的）每個優點。

冥想10：維繫關係的晨間練習

當你醒來時，輕輕碰觸你的伴侶並想著：謝謝你和我在一起。我愛你。有你的日子，比獨自一人好多了。因爲有你在我身邊，生活更有意義。

謝謝你不只照顧我，還關心我們一家人，爲我們提供生活所需，保護我們。如果沒有你，日子肯定沒有這麼好過。

我欣賞你會花心思照顧自己。你不僅勤上健身房、做瑜伽，也慢跑和吃健康食品，好讓自己健康。只有我們身體健康，才能一起快快樂樂，在人生的道路上走得更遠。

我欣賞你的幽默感，也喜歡你對我微笑的樣子。

你很聰明，在工作上表現出色，你透過自己的工作，幫助了很多人，也爲我們提供生活所需，對此，我心懷感激。

謝謝你愛我們的孩子，也謝謝你如此用心照顧他們。

我喜歡你爲人誠實且充滿熱情。

謝謝你的慷慨。

謝謝你積極的態度，也謝謝你把我們未來共同的願景放在心中。

謝謝你凡事以我和我們的家庭爲優先。

謝謝你的愛，謝謝你勇於表達你的感受，擁抱我，創造我們的浪漫生活。

謝謝你做飯。

謝謝你傾聽我的心事，認真看待我的擔憂和顧慮。

謝謝你在我生病時照顧我。

這份清單可以延伸，而且最好繼續延伸。想想你伴侶身上所有的優點，心懷感激。

現在記住，你在伴侶身上看到的優點來自於你。某種程度上，你是在感激伴侶展現這些優點，他身上的這些優點，恰恰證實你的善良。就像前面的所有練習一樣，關鍵是你要養成習慣，持續練習。

我們往往嚴重高估了自己一年內能做的改變，同時又太過低估了十年內能改變的程度。試著想像，如果你能每天以感恩開始，專心想著伴侶的優點，你們十年後的生活會是什麼樣子？

冥想11：鏡像效應

找到舒服的冥想坐姿，保持背脊挺直。

閉上眼睛，臉部放鬆，專注於鼻尖的呼吸一到兩分鐘，觀察你的呼吸。如果發現自己分心了，溫柔地把注意力帶回你的呼吸。

我們所感知的一切都來自於心識種子，而這些種子是從我們過去對待他人的方式種下的。我們遇到的每個情況和每個人，就像一面鏡子，我們的行爲、言語和想法，會從他們身上反映出來。

現在，想想你目前或前任伴侶，或是任何親近的人。想一個對方的缺點，必須要具體，譬如這個人不懂得好好傾聽，或是他會批評你，不夠關心你。

回想某次你親眼看到他這個缺點的情形，想想他當時的表情、動作和說出來的話，還有自己不舒服的感受。

現在，把那個影像當作一面鏡子。你其實是在看鏡中的反射，那是你自己的反射。過去某個時刻，由於你對某人做過、說過或想過類似的事，你創造了面前這個人的這種形象。

你當時的表現，可能比你現在看到的程度輕，應該是傷害較小但類似的行爲。然而，如我們提過的，行爲就是種子，所以回報的程度，不論好壞，都會更強烈。

回想一個你做過、說過或想過類似事情的時刻。憶起這些時刻，當時你可能種下了這些讓人不舒服的種子。

現在迅速進行四力量，並答應自己，接下來一段時間內不再犯同樣的錯誤。

現在想一個他人的優點，要具體一點。也許這個人總是善待他人，從不騙人，也不說謊，或是這個人說到做到，很慷慨，也很有幽默感。選出這個人身上一個令人欣賞的優點。

想想這個人展現那個優點的具體時刻。回想那一刻這個人臉上的表情、身體動作和說出的話。

現在把那個影像當作一面鏡子。你其實是在看鏡中的反射，而且那是你自己的反射。

因爲你過去曾種下種子，才能在另一個人身上看到這個優點。如果沒有那些好種子，你就不會在鏡子裡看到那個反射。你過去曾做過類似的事。過去某個時刻，你在生命中創造了這個人的這個形象。你對某人做過、說過或想過這樣的事。

回想一個你做過、說過或想過類似事情的時刻。你種下了這些心識種子。爲你過去做過這些而歡喜，因爲你擁有這些美好的種子，才能在你周圍的人身上創造出這種令人羨慕的優點。

現在想一個這個人沒有，但你非常希望他擁有的優點。你可能希望這個人更會溝通、更有禮貌，或是更負責任，更有上進心，甚至更懂得表達自己的感受。什麼優點是他身上現在沒有，但是你以後想看到的？想一個你希望他培養的優點。

記住，你在這面鏡子裡看不到這個優點，是因爲你自己還沒有種下這些種子或開啓它們。

先想想你想在對方身上看到的優點，再想想你曾經展現過這個優點的時刻。接下來，你也可以思考以後你要怎麼種出那個優點？然後爲這個種子或你種種子的計畫感到歡喜。

在你的心中想像，你正在把好種子送給鏡中人，不論種種子的行動已經完成，或是你之後才會執行，都沒關係。帶著微笑，帶著愛，好像把珍貴的禮物送給這個人。帶著讓對方感受良好的願望，看著他開心又感激地接受你的禮物。

讓對方因你種下的好種子而擁有這個優點。這個優點必定會在他身上體現，因爲他反映了你的言行和思想。這個人源自你播下的種子。若你繼續在人際關係中發揮這個優點，並在心中將它賦予你的伴侶，你的伴侶定會成爲你心目中的理想模樣！

在這個練習的尾聲，許下心願，希望因爲你運用鏡像效應的練習，所有人都能遇見理想的伴侶，願自己與每個人融洽相處。

做三次緩慢的深呼吸，回到當下所在，結束冥想。

這個簡短但力量強大的冥想應該每天做，甚至一天好幾次。也許你可以在一天中挑幾個時間，設置提醒鬧鐘。這個練習會幫助你記住，一切都源於我們的內在。對我們來說，這些覺知種子是最重要的種子，因爲它們幫我們徹底改變自己、扭轉關係，也讓整個世界變得更好。

良好的家庭財務狀況

財務豐盛的根本原因是慷慨。要擁有足夠的金錢，我們需要分享自己的所有物來種下心識種子。每當我們幫助經濟上有需要的人，或慷慨待人時，我們便種下讓自己永遠不用擔心金錢，財務穩定的種子。

重點是，要以合乎道德、正當的方式賺錢。今天，不論你是爲公司工作，或是自己創業，甚至有人給你錢，這些資金必須以合法的方式獲得，應繳稅款就如實繳納。在賺取這些錢的過程中，沒有人受到傷害，我們沒有奪走他人財產，或欺騙他人。否則，我們只是在種下遲早會顯現，並爲我們帶來金錢問題的壞種子。當然，我們也需要幫助自己的伴侶以合乎道德的方式賺錢。

如果我們想要家庭財務狀況良好，我們要以伴侶之名，給他人財務安全感。不管我們的預算是共同規畫還是各自規畫，都不重要。我們得幫助有需要的人，分享我們共同擁有的物質或財富。

有時當我們組成家庭時，我們會建立財務護城河。我們可能一起租公寓、蓋房子或貸款。或者，因爲有了孩子，我們開始爲家中財產築起保護牆。因爲肩上的責任，所以我們覺得自己需要保護財產，無法分享。

從這時起，我們的心思都放在取得資金以及鞏固財產，而不是放在種種子。我們再也不去思考怎麼用慷慨的行爲種種子，也不想爲急需救助者提供財務援助。這個錯誤可嚴重了，我們可能因此面臨財務失敗、資金短缺，還常得爲金錢操心。

如果我們理解種子系統，如果我們理解眞正的根本原因，我們會反其道而行。一旦我們貸款或有了孩子，我們能以伴侶的名義，更有意識地與他人分享金錢，甚至比我們單身時更慷慨。

這種保護我們財務安全的方式奠基於智慧。然而，這個方法不但違背人類本能，且感覺刻意。但是，這的確是保護我們財務豐盛的方法。

這麼做不代表我們忘記自己的責任和義務，也不代表我們不償還貸款。該盡的義務我們還是會盡。但是，我們從剩餘的存款中抽一些出來，有意識地分一些給其他人。

銀行的對帳單和債務都來自於我們的心識種子，這份認知使它們眞實。因此，要減輕債務和財務問題，唯一的方法就是種種子，這麼一來，我們就能體驗到自己理想的財務狀況。當我們把自己所擁有的金錢部分給予他人，我們的收入不但會增加，財務狀況也會穩定，給予的行爲就像財務的保護傘。

如果我們不理解**慷慨的心態是豐盛的原因**，那麼要實踐這種生活方式可就難了。

在我們的婚姻中，如果我們其中一人發現認識的人需要錢時，我們會一起討論我們能給多少來支持那個人。這必須是一個共同決定，來自雙方的慷慨。我們一起決定每月捐多少錢給哪個慈善機構。當我們收入增加時，我們給得更多。即使在財務困難時，我們仍然盡可能分享。然後一起享受自身的慷慨，澆灌那些種子，讓它們更快發芽。

即使你的伴侶不了解種子系統，不知道慷慨是致富的原因，你們也可以一起決定能給多少錢，共同捐款。例如，你們可以在咖啡廳或餐廳多給一點小費。如果是你的伴侶結帳，你可以從自己的錢包裡多拿一些錢加在小費中。

讓這成爲你們共同的決定。最起碼，你的伴侶應該同意這個決定。晚上睡前，提醒伴侶你們共同的付出。你們兩人應相互鼓勵並啓發對方給予。不論遇到什麼情況都分享，盡可能常給予，但給完之後不要後悔。

如果你有財務困難，建議你定期練習以下的慷慨冥想。

冥想12：致富冥想

找到舒適的冥想坐姿，背挺直。閉上眼睛，臉部放鬆，花幾分鐘專注於鼻尖的呼吸，觀察你的呼吸，放下其他想法。如果發現自己分心了，再溫柔地把注意力帶回呼吸。

財務豐盛的根源是慷慨。如果要擁有足夠的錢，你和伴侶需要種下心識種子，分享你們部分的財產。你們需要幫助缺錢的人，來培養慷慨的習慣。你可以從小處著手，但要開始行動。

現在，想想你們能夠一起給予的方法。

感受你的心因想要慷慨而打開。想像自己透過培養大方的心態以及展現慷慨，最後，你會創造一個沒有貧窮的世界，到時候每個人都擁有他們想要的一切。想像一個世界，在那裡，每個人都活在財務豐盛的狀態中。

做三次緩慢的深呼吸，當你準備好時，張開眼睛。

記得要實現你的計畫。

創造財務健全的練習

制定行動計畫：你何時採取行動？幫助的對象是誰？每個計畫可以分配多少錢？

若你想達到財務豐盛的狀態，只要幫助以下幾種類別的人，你就能種下最強大的種子：

一、極需幫助的人，錢不夠，沒地方住或沒東西吃的人，遭遇災難的人，無法照顧自己的人。

二、過去幫助過我們的人：父母、老師和其他人。

三、幫助許多人的人。例如：老師、醫生、護士、慈善機構、消防員等……好好想一想，並決定你定期幫助的對象，以及幫助的方式。

晚上睡前，確認你和伴侶會採取的行動。然後做咖啡冥想，為你們的慷慨感到歡喜。將你們慷慨的種子迴向出去，好讓你和所有人永遠都能享受財務豐盛的狀態。

也記得要互相送禮。不一定要等到過節才能送禮。你可以送花、化妝品、香水、水療之旅、餐廳禮券、3C用品，甚至是家用品或工作用品。你也可以在車上或家裡播放對方喜歡的音樂。你可以為摯愛打扮得漂漂亮亮，煮他們愛吃的菜，或打掃家裡。這些都是你可以為伴侶做的事。

我們日常做的許多事情都可以懷著為摯愛之人獻上心意的動機去做，這種慷慨的表現，你隨後可以為此發自內心地歡喜。

喜悅幸福的家庭生活

印度著名聖者龍樹（約生活於西元二〇〇年）在他最著名的著作《寶鬘論》中告訴我們：

「不殺生壽短促，害他損惱多。」（明增上生決定善品第一）

（若想做個快樂的人，請確保自己永遠不傷害其他生命。）

如果你希望自己的關係充滿快樂與喜悅，就要過著合乎道德的生活。在所有道德原則中，最基本的層面就是避免傷害他人。

順帶一提，冥想不但讓我們的生活方式更合乎道德規範，也爲我們種下提升道德層次的心識種子。一旦擁有平靜的心，我們就能輕易專注在需要專心的事物上，這是過好生活最棒的方法。

作爲伴侶，你們可以一起努力，讓自己更注重道德原則。你們可以互相提醒，避免傷害他人。善用你們的伴侶關係，協助對方進步。

舉例來說，彼得教瑪麗雅如何分類垃圾、節約水電，也幫助她開始吃素。他向她解釋，即使她可以鑽漏洞少付稅，也該誠實納稅的原因。瑪麗雅則幫助彼得吃得更健康，更有耐心、少生氣，及不批評他人。

作爲伴侶，你們可以互相幫助，這正是讓你們的關係充滿日常喜悅與快樂的方法。

現在想想你的伴侶教了你什麼事，哪些事關乎道德？說不定他們已經教會你一些事，可能是讓你知道哪些地方該改進。想想你希望未來的伴侶教你什麼？你怎麼用他們欣賞的方式，用巧思幫助你的伴侶，不是用強迫或說教，而是用巧妙、溫和的方式，以身作則，引導他們行善？

十大基本道德原則

一、**保護生命**：時時刻刻保護所有生命。
二、**尊重他人財產**：不取未給予之物。
三、**自律的性行爲**：哪怕程度再輕微，都不背叛伴侶。
四、**誠實**：即便事情再小，也不欺騙。
五、**凝聚他人**：注意自己的言語，不再批評他人。
六、**慈愛的言語**：與之相反的是粗暴的言語，例如咒罵。
七、**有意義的言語**：致力於進行有意義的對話，不浪費時間。
八、**爲他人的成功感到喜悅**：與之相反的是嫉妒。
九、**同理他人的痛苦**：永不幸災樂禍。

十、**理解事物的來源**：只要你懂這點，對前面九項的理解會更深入，執行得更徹底。

冥想13：讓全家人洋溢喜悅與幸福的練習

在心中檢視「十美德」清單時，留意自己如何在生活中實踐這些美德。

請你逐一思考並回答以下問題：

- 關於每項美德，你們兩個人之中，誰可以爲對方逐一解說每一項？
- 針對每一項原則，你們可以共同做些什麼來改進？
- 你們能否一起冥想？
- 你們如何種種子，讓兩人一起學習這些智慧？

當你遵守這些道德原則，你對道德的理解與實踐會越來越進步，而這麼做會讓你更快樂，感情更幸福。藉此，你們以伴侶之姿一起種下強大的好種子，而你們所做的會爲你們的關係帶來更多快樂與幸福。理想狀況是，你們會定期練習，頻率大概是每週一次到兩次。

外在美

兩千年前，與龍樹菩薩並駕齊驅的許多西藏和印度智者，都描述過與美貌有關的因果關係，只是他們講得比較隱晦。若你希望自己和伴侶都長得好看，最深層的原因，就是停止易怒或不悅的習慣。

我們都看得出來，易怒的習慣會造成醜陋的面容。嘴角向下扭曲，前額出現深深的皺紋，微微瞇起的眼神帶著怒氣。

如果你努力克制憤怒、怨恨或不悅，就能種下外表迷人的種子。關鍵是，我們在世界上看到一切的美，都來自於我們自己。我們必須意識到，有時這種美的感知完全不講道理。

舉例來說，曾經有一位當紅的電影明星，臉頰上有一顆不太雅觀的大痣。但多虧她種下的好種子，幾乎全世界的人都將這顆痣視爲迷人、神祕又性感的特徵。在美容院裡，女孩們紛紛要求在臉頰上點個暫時的痣，就爲了看起來像她。最後，好萊塢公認最英俊那幾位男演員其中一位甚至娶她爲妻。

當然，你也可以說「這只是人們的觀感，不代表眞相」，但如果你眞的懂種子系統，你一定會知道，正因爲這份美來自人們的觀感，所以眞實。就像我們之前所說的「美麗與否，端取決於觀者」，我們被迫看到的美就是美，無庸置疑！

所以，如果你想要擁有迷人的外表並擁有賞心悅目的伴侶，你得學習不生氣的藝術，但這可不容易。在古老經典中，這門藝術被稱爲「耐心」，定義爲「明明有理由發脾氣，卻不生氣」。我們知道這件事說起來容易，做起來難！所以才會有這麼多經典和修行法頻頻談到這個主題。

你要知道，不論是你想看見美或希望別人覺得你美，不發怒就是唯一的方法。你只需要下定決心，開始對抗易怒和生氣的習慣。在你開口對丈夫或妻子回吼

「……你才是白癡！……」之前，用手摀住嘴，從一數到十。如果做得到的話，還能同時想想筆和種子的道理。然後你會告訴自己：「呃，他對我說或做的任何事，都是我過去種下的因。」

漸漸地，你不再會對傷害你的事物產生負面反應。因爲每一次你努力練習，都播下習慣的種子（種子第二定律），最後，你就不會因不悅而做反應；你完全不會生氣或怨恨。試想一下，若你成爲一個不輕易動怒的人，你的生活會變得如何？**不過，這可不代表你壓抑了內心的憤怒與怨恨，絕不是這樣！當你意識到每一分鐘的憤怒都在種下破壞性的壞種子時，你不會再發怒。如果對著自己的倒影生氣，不過是再次種下新的憤怒種子，那有什麼意義？**

當你開始這場對抗憤怒的戰爭，即使不順的時候仍繼續奮鬥，那麼，終有一天，人們會完全臣服於你眞實而美麗的光彩，你的伴侶也會變得風度翩翩，並死心塌地地愛慕著你。

憤怒的種子具有無比強大的破壞力，它們有能力「摧毀」我們所有的好種子。

這可能是你遇到金錢問題的原因。當你培養保持耐心的能力時，它會對你生活各方面產生強大的正面影響，所有好種子開花結果的速度都會變快。

人生短暫，時光飛逝。別一直針對發生在自己身上的壞事鑽牛角尖！幫助身邊的人，種下好種子，與美好的伴侶享受的甜蜜時光，這些時刻彌足珍貴。因爲時光一旦流逝就無法重新來過，我們就別再浪費時間發脾氣了。放下怨恨，放下所有積累的抱怨吧！這種舉動會由內而外傷害我們，使我們疏離所愛的人。好日子一去不復返，再怎麼追也追不回來！與其生氣，倒不如把你的注意力轉向，專注於事物的光明面和周遭所有美好的事物。

正如寂天大師所說：

「若事尚可爲，云何不歡喜？

若事不可爲，憂惱有何益？」

（若你能採取行動解決問題，何須動怒？若面對問題無計可施，惱怒又有何益處？）

冥想14：美貌冥想

找到舒適的冥想坐姿，背打直。

閉上眼睛，臉部放鬆，花一到兩分鐘專注於鼻尖的呼吸，觀察呼吸。如果發現自己分心了，再輕輕把注意力帶回呼吸。

我們要能幫助彼此降低負面情緒，因爲憤怒會以不同形式出現。每個人都有情緒失控的時候。今天你幫助伴侶擺脫怒氣，明天換他幫你。

想一想每當你不快樂，瀕臨抓狂邊緣時，你需要什麼樣的幫助？在那一刻，你希望伴侶做什麼或說什麼？你是否能提前給伴侶一些建議，好讓他們在你快生氣時，即時提供你需要的幫助？

想想如何幫助你的伴侶，並下定決心有意識地去幫助他。學著觀察你的伴侶，當你觀察入微，你會比他更懂他自己。只要他一失去平衡，情緒開始波動，你就能及時提供幫助，避免小情緒演變成怒氣或怨懟。

想一想，當你的伴侶心情不好或生氣時，你通常如何反應？現在，想想你可以做什麼或說什麼來幫助伴侶脫離這種狀態？挑個恰當的時間與伴侶討論，當他們產生負面情緒時，你可以提供什麼幫助？

透過上述的方式，你們能一起種種子，互相幫助。漸漸的，負面情緒會越來越少出現。這將爲你們兩人創造一種特殊的、層次更高的美貌，這是永不向負面情緒屈服的人所散發的獨特光芒。

現在想一想，藉由這個冥想所種下的好種子，將如何引導所有人和伴侶們互相扶持，共同消除負面情緒。終有一天，人人都能永遠擺脫負面狀態，散發出獨特的光彩。

做三次緩慢的深呼吸，準備好時睜開眼睛。記得把所有計畫付諸行動。

如何化解伴侶間的衝突？

這本書中我們只花簡短的一章來討論這個主題，但這可能是最值得閱讀的一章。爲什麼？因爲人生中每段關係都會有高潮，也會有低潮，尤其是伴侶關係。我們很開心遇到自己愛的人，也爲美好的共同生活做了大計畫，但過一段時間之後，難免會出狀況。另一半可能會惹到我們或傷我們的心，因此這一章，我們想談談這個人生階段。

如果你聽過傳統的婚姻誓詞，總會聽到一段話：「（從此刻到永遠），無論順境逆境、疾病健康、富裕貧窮，（我將會永遠愛你）。」而之所以出現這段，是有原因的。人都會遇到困難。正常的人生，總會經歷低潮期，但要度過這時期並不容易。所以我們想花點時間解釋，如何應對關係中的瓶頸。假如你仔細閱讀這一章，你會發現這確實是度過困難時期唯一正確的方式。

若問伴侶可能會造成我們什麼方面的困擾，那可真是數不清。他有可能不再對我們表達愛與關懷，也有可能不再送我們玫瑰花或禮物，擁抱和親吻的頻率也逐漸降低。他不再一起做家事，甚至當著別人的面數落我們，又或者動不動就發脾氣、沒事找碴，酒越喝越兇等，這清單可以無限延長。

遇到上述的情形，我們的自然反應就是跟伴侶溝通。我們試著告訴他，他好像越來越不關心我們，而我們溝通的目的，是希望對方聽完會改變。當溝通無效時，我們會抱怨，希望他別再這樣對我們。如果還是沒用，我們可能會惡言相向，或冷漠以對。簡言之，感情降溫的過程就是這麼開始的。

舉個老掉牙的例子：男人想要做愛，女人卻假裝頭痛，她希望自己的男人有讀心術，會自動明白，等他重新幫忙洗碗，她才會在床上取悅他。這段感情開始時明明是兩人生命中最美好的時光，後來卻變成一場誓不罷休的權力鬥爭和無果的談判。

在此，我要分享一個令人震撼的發現，如果我們早點明白這個道理，人生會更順利。這個發現就是，當人類遇到困境時，很自然會用本能去應對，可惜這些應對方式都不正確。你沒看錯，不是百分之五十錯，而是百分百錯，毫無正確率可言。這就是爲什麼許多婚姻產生怨偶，或以破裂收場，也是維持一段幸福的長期關係如此困難的原因。

但這也是爲什麼，不論我們從更深刻的層面來探討，或是以世間層面來看，都可以把伴侶關係視爲神聖的結合，因爲伴侶關係能引領我們上天堂。

想想下面這個例子：你工作了一整天回到家，手上大包小包，都是路上買的雜貨。你打開公寓的門，期待聽到一聲溫柔甜蜜的「親愛的，你回來了」。運氣好的話，說不定還會搭配擁抱和感謝。但是，事與願違，你的王子不但氣急敗壞，還對你大吼大叫。

面對這種情況，我們的自然反應是什麼？如果那天我們修養夠好，可能會懷著怒氣，默默走到另一個房間。但如果我們早就一肚子火，這情形正好給我們一個藉口，開啓第三次世界大戰，點燃分手的導火線。對抗或逃避都不是正確的路，不管走哪一條都沒有出口。怎麼說？因爲還有第三個正確的選擇。第三個選擇爲什麼總是有效？因爲它基於筆的故事。

你必須明白，伴侶所做的一切只不過反映了你過去的行爲。你的心識種子正在成熟，因此你過去的行爲正透過你的伴侶反映出來。如果有人吼你，你受這種對待唯一的原因，就是你過去曾經吼別人，**絕不是因爲其他理由**。

在這種情況下，最不智和最無益的做法是什麼？吼回去。爲什麼？因爲當我們吼回去，心智就會記錄我們的行爲，一旦種下這樣的種子，日後這些種子開花時，心識影像就會再次出現，創造出對你吼叫的人。

那麼，我們能停止伴侶的負面行爲嗎？還是我們應該當個受害者，什麼都不做？再次強調，除了反擊或成爲受害者之外，還有第三個選擇，我們可以運用智慧。

方法如下：

一、找出當初種下「吼叫種子」的原因？也許我們上禮拜對調皮的孩子大吼大叫，現在這些種子成熟了，透過我們做爲丈夫或妻子的行爲反映出來，所以他們來吼我們。

二、當我們不再對人大吼大叫時，被吼叫的種子最後會消失，一旦那些種子用完，（就算我們刻意製造機會）也不會有人來吼我們。

三、所以當我們牢記這份智慧，不論面對什麼情境，都不重蹈覆轍時，我們不再種下讓自己後悔的種子，而能創造自己想要的未來。屆時，我們既不需逃避，也不是受害者。

當你基於智慧而選擇不跟對方大小聲（負面反應）時，這絕非示弱。你不是受害者。正好相反，這是一種開悟的自利，這是層次更高的力量，終極的力量。我們**知道**，正因為自己能控制情緒，所以，雖然當下面對的情況特別艱難，我們卻反而創造了更好的未來。

如果我們能堅持這種修行，停止錯誤的反應會怎樣？最終，我們所有的壞種子都會失去養分，屆時，哪怕我們再怎麼刻意製造機會，也遇不到對我們咆哮的人，這就是親密關係如此神聖的原因。在彼得修行之初，老師便一再告訴他這句話：「如果你想追求靈性成長，最快速也最深刻的途徑就是透過關係。」

透過我們對伴侶的愛，也透過如實了解伴侶出現在我們生命中的原理，我們培養了強大的能力，當我們遇到壞種子成熟，而聽到對方批評自己或對我們生氣時，能夠不回應。當我們運用智慧，應對負面情況的能力變得越來越強，就能快速消除所有壞種子。我們按部就班，一起創造了用其他方法無法達到的完美境界。

所以，這麼說來，婚姻的確是神聖的結合，因爲伴侶關係有機會幫助我們達到神聖的境界。

不要直接相信這些理論，也不要急著否認。想一想，提出疑問，最重要的是，務必去嘗試。最後，你的成功經驗會給你繼續前行，並走完這條路的力量。

魚水之歡

瑪麗雅和我旅行全世界，在各地教導種子系統。不知爲何，聽眾總是以女性爲主。在藏傳傳統中，女性象徵智慧，這或許正是我們的聽眾多爲女性的原因。當這些女性跟隨我們學習一段時間，實踐四步驟，練習冥想並開始有所收穫時，她們往往會提出親密關係相關的問題。因此我們發現，很多伴侶的性生活都不太順利。爲什麼許多人爲性所苦？因爲社會大眾鮮少在這方面得到良好的建議。因此，我們決定增加一個章節，說明如何爲性生活以及更深層的關係播下幸福的種子。

如果你想以種種子的方式享受與伴侶的魚水之歡，你需要提供他人樂趣。可別誤會，我們並不是要你跟遇見的每個人發生關係☺！你可以透過人所擁有的各種感官，有意識地播下樂趣的種子，創造快樂與幸福的因。

你可以從給予他人小小的樂趣開始，或者只要意識到自己早已天天帶給他人歡樂。如果你知道自己本來就常帶給他人喜悅與樂趣，那麼爲此開心，且將這些種子在心中奉獻出去，願此實現你心中想和伴侶達到的親密情趣。

在這一章的冥想中，你會發現許多透過不同感官播種的方法。記得在心中將這些好種子奉獻或導向你個人的親密互動，並眞誠地祈願每個人都能擁有他們嚮往的親密互動。

通常在關係剛開始時，兩人的相處浪漫不已，性生活充滿高潮，但隨著時間過去，雙方可能逐漸失去那股衝動，性生活減少，感受愉悅或高潮的能力下降，或是性慾降低。而這些情形可能讓人產生不安全感、對生活不滿，甚至抱怨、爭吵與疏離。最終，缺乏愛與互動的關係讓其中一人出軌（或雙方都出軌），兩人飽受煎熬，最後放棄和好的希望。

事實上，正因爲魚水之歡與高潮的喜悅帶來如此深刻的幸福，所以這樣的種子極其珍貴。這就是爲什麼隨著年歲增長，我們越來越少從親密接觸中獲得喜悅，因爲如果我們不重新播種，這些種子就會逐漸耗盡。

在古老的藏傳傳統中，與伴侶的親密接觸是個人靈性道路中重要的一環。當你學會把兩人親密的喜悅視爲神聖而高度靈性之事時，你就在爲靈性成長種下強大的種子。在親密性行爲中經歷強烈的喜悅，也就是高潮時，在微細的身體層面上，我們的生命能量（梵文稱爲「氣」）趨近身體內的中脈。在心理層面上，我們達到對單一對象最專注的狀態。這種狀態非常接近直接體證空性①（或在另一個思想流派中的無我性）。

這就是爲什麼幾秒鐘的高潮是如此珍貴的種子，也是我們如此嚮往它的原因。我們平常可能沒意識到，但在內心深處，我們都渴望達到那種圓滿的境界，每個人都想完整與圓滿，平衡我們內在的陰陽能量。我們都想到達更高的境界，在這種狀態中，圓滿俱足的喜悅與意義感源源不絕。我們對性近乎成癮的渴望，其實是潛意識中想要達到深刻個人成長的嚮往。

如果在內心深處，我們認爲親密行爲是汙穢的，如果我們用利用性來操控他人，或只是爲了個人的滿足而盲目地發生關係，那麼我們就是在消耗必然會耗盡的珍貴喜悅種子。

但我們的性關係不必每況愈下。如果我們不要只是消耗喜悅，而是讓身體的親密互動盡可能充滿意義，並將之奉獻給我們的靈性目的，那麼我們就會自然地重新播下喜悅與幸福的種子。如果我們將親密關係視爲高度靈性的事物，它自然會持續帶來幸福，甚至讓你達到更深層的愉悅。

---

①直接體證空性，又稱直觀空性，是人類進化史上最重要的靈性發現。這不但改變了人類，也徹底改變我們的存在狀態，只要體驗過直觀空性，我們一定會成為一個圓滿的個體，最終不再經歷苦、痛以及其他問題。因為一切都來自投射，我們能達到一個境界：即到時候我們能投射自己不再死亡。性高潮時的強烈喜悅通常是我們最接近這種靈性體驗的時刻，但我們必須承認，高潮離真正的突破時刻還差得遠。

冥想15：創造親密歡愉感的冥想

找到舒服的冥想坐姿，保持脊背挺直。閉上眼睛，放鬆，把注意力集中在鼻尖，觀察呼吸。如果發現自己分心了，輕輕把注意力帶回來，專注於呼吸。

讓我們爲親密的愉悅感與美妙的性愛種下種子。

一、提供視覺享受——讓他人所見美好。

回想你讓他人看到美的時刻。例如：

- 你精心打扮，看在他人眼中賞心悅目。
- 你整理家中每個角落，讓空間看起來美侖美奐，你的伴侶很享受這樣的環境。
- 你邀請某人去散步或遊覽美景，帶給他美的享受。

現在回想這幾天他人因你而感受到美的時刻。

爲此感到欣喜，並將這份愉悅感獻給你與伴侶的親密接觸。

願我們透過這些喜悅的種子達成所有目標，包括最崇高的靈性目標，也願我們能幫助他人達到相同的境界。

現在規畫在未來幾個小時或幾天中，你要怎麼讓他人得到視覺的享受。立刻做計畫，並記住你的動機，別忘了把實踐善行的心意導向所有需要幫助的人。

二、給予聽覺的享受——悅耳的聲音。

回想你讓人聽到美妙聲音的時刻。

- 也許是你說了一些溫暖的話。
- 也許你播放了別人喜愛的音樂。

• 也許你提供了某人需要的寧靜。

爲此感到欣喜，並將這份愉悅感獻給你與伴侶的親密接觸。

願我們透過這些愉悅的種子達成所有目標，包括最崇高的靈性目標，也願我們能幫助他人達到相同的境界。

現在思考在未來幾個小時或幾天中，你要怎麼帶給他人聽覺享受。立刻做計畫，並記住你的動機，別忘了把實踐善行的心意導向所有需要幫助的人。

三、給予味覺的享受。

回想你讓某人體驗到美好味道的時刻。

• 也許你準備了別人愛吃的東西。

• 也許你帶別人去咖啡廳或餐廳用餐。
• 也許你泡了一杯美味的茶、咖啡，或爲他人奉上一杯清涼的水。
• 也許你給別人錢購買健康美味的食物或飲品。

爲此感到欣喜，並將這份喜悅獻給你與伴侶的親密接觸。願我們透過這些種子達成所有目標，包括最崇高的靈性目標。願我們能幫助更多人。

現在思考在未來幾個小時或幾天中，你要如何帶給他人味覺的享受。立刻做計畫，並記住你的動機，別忘了把實踐善行的心意導向所有需要幫助的人。

四、給予嗅覺的享受。

回想你幫助某人聞到美好氣味的時刻。

● 也許你送人香或香水作爲禮物。
● 也許你身上散發著清新宜人的氣息。
● 也許你洗了衣服，現在所有衣物都散發芬芳，讓花香瀰漫整個家。
● 也許你只是讓房子通風，營造了宜人的氛圍。
● 也許你帶親友到大自然散步，那裡空氣清新，樹木與葉子散發木質香，或瀰漫著花朵的芬芳。

爲此感到欣喜，並將這份喜悅獻給你與伴侶的親密接觸。願我們透過這些愉悅的種子達成所有目標，包括最崇高的靈性目標，也願我們能幫助更多人。

現在思考在未來幾個小時或幾天中，你要怎麼帶給他人嗅覺的享受。立刻做計畫，並記住你的動機，別忘了把實踐善行的心意導向所有需要幫助的人。

五、給予觸覺的享受。

回想你讓他人因爲碰觸而感到舒服的時刻。

- 也許你把水療或按摩療程當禮物送人。
- 也許你送出觸感柔軟的衣物。
- 也許你以非常輕柔的方式觸碰親近的人，擁抱他們，或只是牽著他們的手。

爲此感到欣喜，並將這份喜悅獻給你與伴侶的親密接觸。

願我們透過這些種子達成所有目標，包括最崇高的靈性目標，也願我們能幫助更多人。

現在思考在未來幾個小時或幾天中，你要如何帶給某人觸覺的享受。馬上做計畫，並記住你的動機，別忘了把實踐善行的心意導向所有需要幫助的人。

六、給予心理的享受——平靜、喜悅與專注的心境。

回想你讓他人擁有愉悅心境的時刻。

- 也許你讓某人笑出來。
- 也許你幫助某人爲他們做過的好事感到開心。
- 也許你幫助他人平靜下來且放鬆。
- 也許你不打擾別人，讓他專心。
- 你感受到對方很消極時，引導他改變話題，脫離那樣的狀態。

爲此感到欣喜，並將這份內心的喜悅獻給你與伴侶的親密接觸。願每個人都能透過這些種子達成所有目標，包括最崇高的靈性目標，願我們都能幫助更多人。

思考在未來幾個小時或幾天中，你要怎麼帶給他人心理的喜悅。立刻做計畫，並記住你的動機，別忘了把實踐善行的心意導向所有需要幫助的人。

你可以下定決心，在親密接觸的時刻，享受身心愉悅之時，不會忘記這種感受的來源。你可以這樣記住：

「現在我之所以體驗到愉悅感，是因爲我過去種下了種子，帶給他人喜悅。

「幸福不是來自②我的伴侶；它來自我心中的種子，過去我透過行爲、言語與想法，種下這些種子。

---

② 如果性愉悅感的確來自我的伴侶，那麼不管什麼人碰到這個人都會愉悅。但是我的父母、子女或其他同性戀者，並不會在我的伴侶身上找到相同的愉悅感。這個事實再次證明了愉悅感並非來自對方：同樣一個伴侶，在關係開始時可能非常有魅力，而在關係結束時卻完全失去了吸引力。兩人交往時間的長短也不是決定因素，這一點可以從一夜情開始時的興奮，以及那一夜結束時偶爾出現的絕望中得到證明☺。

「這些都是珍貴而稀有的種子。願它們幫助我成爲更好的人，達到個人與靈性成長的新境界，並培養能力幫助許多人。」

想像你在這次冥想中種下的好種子，並在心中將它們送給他人。願所有人都能在生命中享受愉悅感，願他們都獲得深刻的靈性體悟，並實現他們的目標。

做三次緩慢的深呼吸，然後吐氣，當你準備好時，睜開眼睛。

生活中享有共同興趣與目標

情感關係經常始於兩人相互吸引。有一天，當迷戀轉化爲愛情時，（無論是否登記結婚）我們都會組成家庭。但是家庭或伴侶關係能否穩固幸福，往往取決於兩人是否有共同興趣。若只靠最初的吸引力，感情無法長久。這就是爲什麼雙方擁有共同的興趣、嗜好、目標和價值觀十分重要。

常有人問我們：「怎樣才能讓伴侶對我感興趣的事物也感興趣？」伴侶之間共同的興趣和嗜好，是維持關係和諧與長久的重要元素。每個人都有自己感興趣的領域，但當兩個人擁有共同興趣，能一起從事這個活動、分享價值觀及人生目標時，那眞的很棒。

我們把伴侶一起進行的活動分爲兩個層次：基礎層次和進階層次。你們在這兩個層次中的共同興趣越多，你們的感情就會越穩定，也越有樂趣。

冥想16：如何與另一半建立共同興趣與目標

找到舒服的冥想坐姿，背打直。閉上眼睛，放鬆，將注意力集中在鼻尖，觀察呼吸。如果發現自己分心了，輕輕把注意力帶回呼吸。

思考你們可以一起追求的嗜好和興趣：

- 一起跑步（不一定要跑馬拉松☺）。
- 一起運動或去健身房。
- 一起騎腳踏車。
- 一起去游泳池或海灘。
- 在公園、森林或城市附近散步，你們一定可以找到沒走過的路線。

- 欣賞星空。一起仰望星空非常浪漫。你可以使用手機應用程式來辨認星座。
- 一起演奏音樂。試著學習吉他、鼓、鋼琴或任何樂器，一起學習樂理，也許還能自己組團。
- 一起看原文電影，搭配字幕來學習外語。
- 創造你們獨有的語言（彼得和瑪麗雅創造了他們的祕密語言，混合了英語、俄語、瑞典語和德語，這語言只有他們兩人懂）。
- 一起下廚。選擇新奇的食譜一起烹飪。
- 一起溜冰、滑雪或玩滑雪板。
- 一起到不同的國家和城市旅行。
- 一起畫畫。
- 一起唱歌。
- 一起跳舞。

•或是參考其他選擇……？

想想你們可以一起進行哪些進階層次的活動。怎麼樣才能讓你們在個人和靈性上一起成長？

•一起冥想（兩個人比一個人更有力量）。

•一起做瑜伽（一起做更好玩）。

•一起探索智慧（討論新想法很有趣）。

•一起參加培訓課程。

•一起進行個人或靈性練習。

•一起教導他人事物（可以只是與朋友討論事物從何而來）。

•一起幫助他人。

•一起做志工。

- 一起爲遊民送餐。
- 一起去養老院。
- 一起做慈善工作。
- 或是其他事……？

若你們的共同興趣與個人成長、助人及改善他人生活相關，這會比單純一起吃飯和發生關係更有趣味和意義。當你們一起從事這類興趣，不但感情會更融洽，生活也會更充實幸福。不僅如此，你們的關係會提升到另一個層次。

若你希望伴侶對你喜好的事產生興趣，你也要主動了解伴侶感興趣的事物！想一想怎麼樣才能讓自己關心伴侶感興趣的事物，並默默計畫支持對方的方法。

最後，再次想像你在這次冥想中播下的好種子，並在心中將它們送給他人。願所有伴侶都不乏共同興趣、嗜好、活動和目標。願此冥想引領所有人快速且喜悅地實現他們所有的目標，與所愛的人幸福相處。

做三次緩慢的深呼吸，然後吐氣，當你準備好時，睜開眼睛。

我們用瑪麗雅的例子，來說明她如何種下種子，讓彼得參與她的興趣：

「彼得愛看足球，我不懂！一群人在球場上來回追著球跑有什麼好看的？我看不出這件事哪裡有趣。但我想要種種子，讓彼得對我喜歡的事物產生興趣。

「所以，我時常和彼得一起看足球，請他解釋場上發生的事，並試著記住他最喜歡的球員和教練的名字（阿拉巴和克洛普最棒！）。後來，我發現他最感興趣的是觀看賽後球隊教練的訪問，研究他們如何指導球員、營造團隊精神、處理勝負，以及研究對手。因爲跟他一起看球賽，我才知道足球眞的有很多值得學習之處。

「後來，彼得和我不管做什麼都在一起：我們如膠似漆，從不分開，工作一起，休息也一起。我倆擁有共同的目標和興趣。他甚至和我一起上現代芭蕾課！更不用說我們正一起努力拯救世界。」

享有美妙伴侶關係不可或缺的三種特質

通常，我們認爲理想的關係是一種穩固、持久的結合，能完全滿足伴侶的需求與期待，並讓雙方都感到幸福。然而，每個人理想中的伴侶關係都不同，對伴侶的要求與期待也不一樣。

但要如何讓我們的關係達到深入、甚至成爲天生絕配的境界呢？讓我們來探討。如果我們想要體驗這樣的感情，就需要培養三種品質。

什麼是「美妙」的關係？

好消息是，無論你們的關係處於什麼狀態，都能轉化爲深入且心有靈犀的連結。即使你們已結縭多年，甚至邁入老夫老妻的無聊階段，仍然有機會。

當我們的人生目標不只是爲了自己時，美妙的關係就會慢慢發生。當你們的關係建立在共同願望上，雙方都想要幫助周遭的人，這段關係就成爲尋求與展現眞理的過程，體現了更高的生命意義。

想像一對伴侶，他們的夢想不只侷限於一起去餐廳用餐和享受魚水之歡。想像你們的共同目標是讓世界變得更好，因此你們積極尋找各種方法來實現這個目標。你們試著發揮最大的潛能，領悟生命眞正的意義。你們一起走在個人與靈性成長的道路上，努力提升自己，增長智慧，好讓自己更有慈悲心、更快樂也更成功。當你們達到那樣的境界時，你們也想幫助所有人做到。你們活著不只是爲了滿足自己和親友的需求。當你們知道世界上還有很多人過得很辛苦時，你們不忍心自己在海邊的別墅裡逍遙，不希望只有自己過得好。

你們希望你們的結合不只讓你們兩人幸福，而是要讓所有人都幸福。順帶一提，當我們知道每天都有人在挨餓、無家可歸、孤獨、生病、老死時，我們不可能安心享受這份幸福。不過，把關係的目的導向更高的目標不但需要勇氣，也需要智慧。

當我們（追求伴侶關係）的動機，是希望提升所有人的生命時，我們會越來越幸福，而這樣的起心動念，也讓我們的關係變得更美妙。

有這樣的動機爲基礎，我們就能輕易克服一起生活所遇到的日常考驗，就算爭吵也不會太嚴重。因爲我們誠心誠意對待彼此，信任彼此，所以最後我們可以一起邁向更高的目標。如果我們培養以下三種特質，就能體驗美妙得不可思議的相屬感：

一、慈悲

我們看到世界上的苦難，並深感不捨。我們渴望幫助他人，希望自己能夠解決他們的煩惱和問題。一般而言，我們會關心父母、家人、朋友，甚至也會關心自己居住的城市和國家。但更高層次的慈悲會讓我們不論看到任何人的苦難和問題，都不會視而不見，我們一心希望無人再受苦。因此，看到他人的困境，我們絕不袖手旁觀。

二、愛

我們擁抱無條件的愛，這份愛是對全人類的大愛。這份愛讓我們不帶偏見、不在乎他人的年齡、身高、體重、外表或聰明程度。我們對全人類的愛是平等的，不因他們的膚色、語言或出身國家而有差別。我們不只關愛自己的親戚或鄰居，我們關愛所有人，這是不求回報的慈愛心。我們培養善待所有人的能力，或至少努力朝這個方向前進。

三、目標

我們積極尋求眞理，尋找生命更高的意義。我們想理解自己爲什麼來到這個世界，也想了解如何從根源改變事物。我們誕生的目的，眞的只是爲了累積財物、受苦，然後變老而離世嗎？我們尋找生命深層問題的答案。當我們至少朝這個方向思考時，我們就走在發展美妙關係的正確道路上。

這些人格特質不是交友網站上尋找伴侶時搜尋得到的。這種人幾乎「找不到」。更難的是，如果你已經有伴侶，而他們沒有這些特質，那該怎麼辦？別試圖「找到」這樣的人，也別因爲現有伴侶沒有這些特質而沮喪。你唯一要做的就是種下這些特質的種子。運用筆的理解和四個步驟來種下你想要看到的特質。當你以這種方式創造或改變現有的伴侶時，結果會出乎你意料，關係也會比你想像的更加根深蒂固。

冥想17：創造美妙關係的冥想

找到舒適的冥想坐姿，背打直。閉上眼睛，放鬆，把意念專注在鼻尖一到兩分鐘，觀察呼吸。如果發現自己分心了，輕輕地把注意力帶回呼吸。

第一部分：

想像在自己的伴侶關係中，你們雙方都有共同的渴望，這該有多美好，你們都想幫助所有人解決問題，並一起尋求生命最深刻的意義。當你的動機是希望他人過得更好，你不需努力，自然就會很快樂，你的關係也會更美妙，更深刻。

你們對彼此的誠意和信任，讓你們成爲與眾不同的人，這樣的生命既圓滿又快樂，所以當你們因為住在一起而發生摩擦與爭執時，也很快就能雨過天青，甚至你們可能很少吵架。如果你也想為如此美妙的關係種下種子，那麼就先在自己內在培養這些特殊的靈性品質。

想像如果你有這些特質，那該有多好，想像一下，當你有這些特質的時候，你的人生會發生什麼樣的轉變？

一、下定決心，從今天開始更關心身邊人的需求和困難，不再忽視他人或對他們的問題視而不見。

敞開你的心，環顧四周，誠實地評估他人的生活。他們遇到什麼困難？其他人的生活中也遇到困難，還是只有你遇到這種情況？你能做些什麼來減輕他人負擔？

二、開始想像：如果你能做些事情幫助所有人改善他們的生命，那該有多好。

三、空性的古老智慧——筆的故事，描述了我們周遭的一切是怎麼從我們的種子產生的。這可以幫助我們認識自己的命運。我們如何運用種子系統來改變自己和所有人的生活？選擇你生活中的一部分，你可以用幫助他人的方式，來改善自己的生活。

四、暗自決定，從現在起，到接下來幾小時內，你會先採取一個小小的行動。只要有採取行動，就算不是幫什麼大忙也沒關係，可能沒人會注意到，但你會開始播下第一顆助人的小種子。

爲此感到欣喜，爲你正在努力培養這些特質而開心，並將這些種子獻給你的伴侶。只管想像自己把這些充滿優點的種子送給你的伴侶，而他們也興高采烈地接受。

第二部分：

此外，在你的生活圈中尋找具備這些特質的人。你認識的人中，誰身上有這些特質？不必全部都有，就算只有一項也可以。

- 關心所有人的問題與苦難，渴望幫助每個人。
- 渴望平等對待每個人，無條件地愛人。
- 渴望尋找目標和生命最深刻的意義。

如果你已經認識這樣的人，盡可能多與他們交流，親近他們，找機會協助他們，向他們學習。如果你認識的人中，至少一位具有上述特質，要爲他們存在於你的世界中而欣喜。因爲那個人也來自你過去行爲所創造的種子。若少了這些種子，你不會認識任何具有這些特質的人。滋養這些無比珍貴美好的種子（爲擁有這些種子而感到快樂），並在心中將它們獻給你（現在或未來）的伴侶。

最後，在心中夢想一個完美的世界。想像在某個世界裡，沒有人知道什麼是貧窮、背叛、戰爭、憂鬱或困難……等等，那裡連這些概念都沒有。在那樣的世界中，每個生命都得到他們想要的一切，沒有負面情緒，人人相互幫助，沒有人生病、衰老或死亡。

如果筆的道理千眞萬確（它確實是！），那麼究竟實相意味著生活中的一切都源於我們自己，因此我們有能力讓世界變得完全不同，在我們的世界中，每個人都無比幸福。這並非一廂情願的想法，而是「世界來自我們」這個事實合情合理的結果。

做三次緩慢的深呼吸，然後吐氣。當你準備好時，睜開眼睛。

如何讓幸福的關係長長久久？

祕傳的古西藏經典描述過一種方法，只要練習這種方法，你就能享有不可思議的美妙關係、與對方感情深厚而親密。這種練習讓我們成爲完整而幸福的人。只要持續進行這個練習①，就會擁有長久的伴侶關係，而且你會發現隨著日子過去，你們的感情越來越甜蜜。

①伴侶也可以把這個冥想當作兩人每天一起進行的練習，對你們很有幫助。

冥想18：為長久的幸福關係練習分析式觀想

找到舒適的冥想坐姿，背打直，閉上眼睛，放輕鬆，把注意力帶到鼻尖，花一到兩分鐘觀察呼吸。如果發現自己分心了，輕輕把注意力帶回呼吸。

回憶**與伴侶共處時無比特別與快樂的時刻**。在這些時刻，我們感覺如此美好，彷彿整個世界靜止，只剩下我們倆存在。這是一種特別的融合感，感覺我們好像終於找到這輩子不斷尋覓的人。

思考：人生中沒有人是偶然而進入我們的生命。古老智慧明言，我們的守護天使通常會化身爲我們的伴侶。這些天使來到我們身邊，是因爲他們想幫助我們克服障礙，突破限制，成爲更好的人。當我們對智慧的理解逐漸進步，終有一天我們會達到成熟而圓滿的境界。伴侶或透過痛苦，或透過教訓轉化成苦盡甘來的經驗，幫我們敞開心胸。這個過程不但對我們有益，也絕不無聊。

看著你的伴侶，視他爲你的老師，引導你到更高境界的人，雖然現在你可能還難以想像，但是他會引導你進入更高層次。

我們的伴侶是最適合我們的特殊對象，他們對我們的幫助，幾乎就像個人專屬的守護天使，前來引領我們進步、過更好的生活，以更好狀態存在。如果我們想和另一半有美妙且深厚的關係，**我們正需要用這種心態看待他們**。這也是讓關係長長久久，越來越好的方式。

我們的伴侶究竟是特別的天使，還是我們碰巧遇到的普通人？天使和人類，哪個才是他們眞實的身分？還記得筆的故事嗎？那個圓柱體，究竟是筆還是磨牙玩具？我們已經證明這個物體本身既不是這個，也不是那個，而取決於觀察者。我們的伴侶也適用於相同的道理。正因爲伴侶來自於我們的種子，所以從伴侶本人那一方看來，他們既不具備天使，也不具備人類的自性。那麼，你覺得將他們視爲普通人還是天使比較有益呢？

想當然爾，視他們爲神聖使者對你較有幫助。爲什麼不試試看呢？時時把伴侶看做特別的天使和老師吧！如果我們能這樣想，就是在種下威力強大的種子，讓伴侶「眞的」變成天使，而非普通人。**這是我們能做到最高層次的靈性練習**，這個修行法可追溯到數千年前。當你領悟到這點時，在此停留幾分鐘。

做三次緩慢的深呼吸，當你準備好時，睜開眼睛。

當我們能將所愛之人視爲個人靈性導師時，生活眞的變得很奇妙。因爲我們用這種眼光看待自己的伴侶，他們對我們的啓發與教導就越來越深刻。我們賦予伴侶幫助我們的力量，如此種下的種子蘊含著無窮的威力。

試試這個練習，先做三個月，看看結果如何？你甚至不必讓伴侶知道你在做這個練習。不管他/她是否相信，這是我們個人的內在修練。只管安靜做你的練習，你的伴侶就會改變。這就是這個方法美妙與神奇之處。

當伴侶表現良好，送禮物、對你說好話時，我們輕輕鬆鬆就能把他們視爲特別

的天使……這些時刻很重要，值得高興。當我們將他們視爲充滿愛心的天使和甜美、溫和的老師時，我們必須記得澆灌這些種子。

花無百日紅，等他們做出我們不喜歡的事，像是生氣、食言、不負責任，對待我們的方式不如預期時，要維持這種看法可就難了。**當天使收起他們的翅膀，或許就是我們學會自己飛翔的時候**。有時他們給的課題讓人勞心又勞力。但平心而論，正是這些困難帶給我們最多學習，他們刻意成爲善待他人的反面教材，（只爲了）幫我們成爲更好的人。

我們需要定期進行這種回顧和分析冥想。在練習過程中，我們必須一次又一次提醒自己把伴侶視爲天使，而正因爲伴侶具有空性，這麼做才有結果。不過，視對方爲天使不能成爲我們忽略暴力和虐待的藉口。如果我們的人身安全受到威脅，我們需要找到安全的地方，冷靜下來，然後繼續處理我們的種子，清除舊的壞種子，種下新的好種子。

當我們重要的另一半表現出令人不快的特質時，記住**鏡像效應**！他們的表現反映了我們自己過去的行爲、言語或想法。這來自於我們自己的種子。是從前的習慣創造了我們的伴侶。

說不定，他們正在教導我們該在哪裡多下功夫，提醒我們用四力量清除某些壞種子，用四步驟種植好種子。當我們這樣思考時，家庭生活成爲個人成長的深刻途徑，並爲未來美妙的關係種下特別的種子。

當關係中發生不愉快時，**與其用與生俱來的負面反應來防衛自己**，我們可以這樣想：「其實，我的伴侶是天使，也是我的老師，他／她想讓我變得更堅強、更有智慧、更成功和快樂，他／她引導我變得越來越完美。他／她在指點我，並以各種方式幫助我②。」

這個練習談的是如何改變你的種子，從而改變你的伴侶和關係，使之年年進步。如果你現在沒有伴侶，就想像這是你未來的伴侶，也想想當他眞的出現在你生命中時，你要如何練習。

正如麥可格西告訴每個人的：

把你所愛的人當作男神/女神來對待，並記住世界來自於你！

---

②再次提醒，在腦海中思辨以下問題很有幫助：「他/她真的是天使嗎？」顯然，答案是否定的。為什麼？因為沒有什麼人事物總是呈現「既定的」樣子。如果我們的種子好一點，我們就會看到一位天使。因此，訓練自己以最高尚的方式來看待他們較合邏輯，也對我們較有幫助。總有一天，他們（對我們來說）會成為這個樣子。

伴侶一起冥想的好處

跟伴侶一起冥想能創造特殊的種子。我們一起練習和成長，因爲一起學習，我們更加親近，且關係變得更堅定。到後來，往往話才說了一半或根本不需開口，也知道對方的意思。我們互相尊重、關心彼此的感受，漸漸地開始合而爲一。

麥可・羅區格西的老師肯仁波切常這樣解釋：他先拿起一支鉛筆，用力折斷，然後再拿起幾支鉛筆，賣力嘗試，但折不斷。這就是與伴侶一起冥想的理念。因爲一起練習，我們更強大，共同練習所種下的種子，更有力量。

早晨一起冥想，爲我們創造深度專注、解決問題、共度人生困難的特殊能力。當我們內在常保寧靜，也更容易與深層自我連結。

於此同時，若我們也練習將伴侶視爲天使，我們的關係就完全不受外界影響。

我們之間的感情更堅定，更美滿和快樂。一起冥想，兩個人心智都清晰，也建立心平氣和的基礎。

不僅如此，兩人一起冥想，能夠互相支持。某天當你狀態不好，不想冥想時，伴侶會鼓勵你，告訴你：「我們得冥想。這對我們很重要。冥想會讓我們更順利、更快樂，靈性也能得到成長。」你受到對方鼓勵，就有動力冥想。

另一天，你的伴侶說：「今天太忙，沒空冥想。」換你告訴他：「你必須冥想，唯有冥想，你的計畫才會成功。藉著冥想，一切才會順利，你也能好好處理今天的事。」兩人一起練習能幫彼此在練習上進步，保持寧靜與專注，且在日間擁有清晰的心智與效率。

假如你們一起冥想，就能創造最強大的種子，因爲第三朵花和種子創造環境，所以透過冥想，我們培養的內在平靜開始散播。結果，我們會遇到平靜、有智慧的人。冥想種下的種子會創造和平的城市，與我們互動的人會平靜、專注、思路清晰。

約翰．布雷迪（John Brady）和康絲坦絲．奧布萊恩（Constance O'brian）是我們的老師，他們在亞利桑那沙漠鑽石山靜修中心順利完成了三年閉關，度過了一千個禁語的日子，全神貫注於深度冥想和瑜伽。兩位老師持續四十年以上的練習，冥想經驗豐富。他們經常一起冥想，兩個人的關係幸福而美妙，他們不但旅行世界各地教學，也與不同組織合作。

我們問他們：「能否請你們給一起冥想的情侶一點建議？」他們微笑，相互對視，並且用只有彼此理解的眼神交流，並提供了十分寶貴的建議。他們說：

「如果你們之間發生衝突，尚未解決，切忌就這樣上床睡覺或直接練習冥想。如果你們吵架、讓對方受傷或意見不合，一定要先解決，這樣你們才能安心地睡覺和冥想。」

這對我們所有人來說，都是極爲重要的訊息。我們必須敏銳地留意彼此的狀態，別讓負面想法破壞關係。生命短暫，浪費在無謂的爭吵和怨恨上毫無意義。

晚上睡前，你們可以養成一**起**做咖啡冥想的習慣，爲善行歡喜。早晨則可以伴侶冥想開啓你們的一天，至於要做哪個冥想，不妨參考此章介紹的這個。冥想前，我們通常不交談，這樣有助於保持心智的平靜與清晰。我們醒來，洗臉、刷牙、喝茶，然後坐下冥想。這麼做爲我們創造不可思議的生活。

冥想19：伴侶的黃金屋冥想

找個舒適的冥想坐姿，背打直。兩人可以面對面坐著，膝蓋幾乎相碰，相視而笑後輕輕閉眼。讓身體平靜下來，進入靜止。不要移動，因爲只要你一動，伴侶也會感受得到。

一、讓你的心來到不偏不倚的狀態（遠離煩躁），把注意力放在鼻尖，觀察呼吸，讓心平靜。數三輪呼吸，每輪十次。若你發現自己分心，忘記數到幾，則重新開始。

二、輕輕閉上眼睛，在內心看著你眼前的伴侶，他是你的守護天使。他不是普通人，而是你個人生命成長的導師。確實感受這點。

三、思考伴侶老師的一個具體優點，例如善待小孩、長輩，爲人慷慨或負責任。

四、想一件你近幾天做的善事，在心中把這件事當禮物獻給伴侶。不管你是幫助、照顧或感謝他人也好，爲他人付出，讚美他人或在困境中不生氣也好，或是練習瑜伽，或學習更了解空性……以上都是可以獻給伴侶的禮物。

五、思考你曾做過的壞事，這是你想消除的壞種子。向伴侶敞開心扉，誠實懺悔你當初做的事，如說謊、忽視他人、批評他人，工作時跟同事搞曖昧，嫉妒等。接下來可用四力量淨化，消除這些壞種子的威力。

六、隨後為自己或他人近期的善行隨喜。好好享受這感覺，慢慢進行。

七、請求伴侶老師繼續幫助你成長，成為更好、更成功的人。

八、請求伴侶老師永遠與你同在，因你而歡喜。

九、閉眼靜坐，清晰看見並感受面前的伴侶。以「理想版本」為基礎，想像其身形、衣著細節和俊美的容顏。

十、眼睛還不要張開。在內心觀想自己深深看進伴侶老師的雙眼，此時你唯一要做的就是專心看著他的雙眼，其他事都不重要。看著他美麗、善良、充滿智慧的眼睛。眼神不要移開。如果你發現自己分心了，輕輕把自己帶回來，重新看著伴侶的雙眼。這麼做不但能訓練你專注，也能種下強大的好種子。

十一、冥想結束時，想一想剛種下的強大種子。把自己做冥想所種下的好種子奉獻出去，願每個人了解伴侶的空性，也願所有人認識到自己是有能力幫助他人變得更快樂，更成功的老師。

十二、願世上再無孤單之人。願此冥想的好種子讓所有人和天底下的情侶都能一起冥想，互相支持，使人人擁有平靜、清晰、堅定的心智。

關係結束的原因

你能否在我們的世界中找到不會變化的事物？如果你試過，你會發現一無所獲。日常現實中的一切都在不斷變化，這意味著有一天它們都會結束。當我們稍微深入思考這個事實時，我們意識到每個物體背後都有一股驅動力，這股力量賦予物體生命，推動它向前，直到能量耗盡，然後物體瓦解。

假想你可以生一個完美的嬰兒，把他放在徹底隔離的公寓裡，提供乾淨的空氣和水源，爲他設計最佳運動，讓他既不接觸病毒，也不接觸細菌，而且只給他吃高級純素飲食，把他保護得無微不至。即使他生存的條件如此完美，最終他還是會死，因爲他必定會成長，而會長大表示他也會變老，最後離開人間，這就是種子的眞相。種子來自我們的行爲，帶著特定的能量，當能量耗盡時，無論我們再怎麼做，那顆種子都必然枯萎。

上述的原理也能用來看待關係。即使我們沒做錯什麼事，但是因爲關係有開始，就表示它必然會走到終點。乍聽之下，這很令人沮喪，但是，正因爲這份理解，我們才能採取行動。面對這個情形，我們並非苦無對策，我們可以進行「種子點數再儲值」。

這是我們數千名學生身上常見的情況。她們學習了種子系統，其中有些人夠聰明或迫切到願意付諸行動，最終我們在某地與她們重逢時，她們會眼帶淚光地告訴我們：「這個方法眞的有效！有看到那邊的帥哥嗎？那是我的伴侶，是我種下的，我非常感激。」

然後我們問：「那麼採訪孤獨者的情況如何？還有繼續嗎？」通常，她們會略帶羞愧，低聲說道：「沒有，我後來沒空了，因爲我時時刻刻都和伴侶在一起，我們太甜蜜了。」

親愛的讀者，這眞是大錯特錯！你透過探訪孤獨者種下的種子最終會耗盡。爲什麼？因爲有生必有滅，正是事物的本質。所以，如果你想維持這段關係，你必須不斷種下新的種子。理想狀況下，你甚至可以和伴侶一起去探訪孤獨者，你們會一起爲這段關係種下更強大的種子。

當這些新種下的種子開花時，你們的關係一定會繼續，因爲種子的能量如此強大，什麼也阻擋不了。但是，當種子的能量耗盡時，沒有其他事物能讓種子繼續開花。

橡實產生橡樹，橡樹會長得高聳巨大，然後老化，最終，即使是巨樹也會倒下，枯萎，消失。除非你學會「種子點數再儲値」，否則，你當初爲了找到伴所種下的種子也會遵循相同的循環。我們希望你睿智些，從一開始就學會爲你的關係一再繼續種種子，讓生活中美好的事物持續下去。

當你這麼做，你就會變成特殊少數族群，因爲你巧妙地扭轉了萬物的自然循環，並將其用於自己和他人的幸福。當你繼續跟伴侶一起去養老院時，你開始慢慢扭轉「美好的事物總是會耗盡」的無盡循環，因爲關係的開始確實會造成其結束……但結束的原因是你沒有一再爲種子儲值，才得面對這樣的結局。

應對失敗的藝術

你可以預期自己會遇到無法冥想的低潮期。即使在你已經培養起美好、深入且規律的冥想習慣之後，你仍會遇到難以冥想的週期和月份。我們建議你，提前爲這種情形做好準備和計畫。下定決心，不讓低潮期阻礙你，並儘快「重新上馬」。

要提升我們的專注力，最重要的就是在遵守道德原則多下功夫。行爲舉止合乎道德，是我們的心智變得越來越清晰的原因，這代表我們的專注力能更持久，更穩定。如果有嚴重的事干擾我們的意識，我們無法安坐，也無法保持美好、寧靜的心境。

冥想帶來許多好處，而其中之一就是專注力提高，進而加深我們對空性的理解。我們開始清楚意識到，現實的確是我們透過每個行動種下種子所創造出來的。

如果要從一開始就培養良好且規律的練習，關鍵在於清楚而詳細地認識冥想的益處。先列出這些益處，我們就能持續複習且再三提醒自己，直到我們如此渴望受益，願意排除萬難來修練自心（請再次閱讀描述冥想益處的章節）。

在你練習冥想幾個月後，你會逐漸進步，每一次的突破都讓你發現，原來自己的心有更深的境界，但你從不知道他們的存在。那時，你也會看到你為伴侶關係所做的練習開花結果，所以你對這個方法會更有信心。你的進步會推動你深化自己的練習，逐漸延長冥想的時間，你的收穫會幫助你克服所有困難。

無論如何，你一定會在某個階段遇到難關，而當你停滯不前時，你需要運用某些技巧來幫助你度過這個階段。如果你某段時間都沒有冥想，要如何讓自己重新開始練習？讓我們提供你一些祕訣：

- 不要執著於眼前的問題，把注意力放在重新開始練習的喜悅。
- 休息是為了走更長遠的路，一段時間不練習反而會讓你更想練習。

- 再次複習冥想的好處，想一想當初開始練習的動機。
- 拚命責怪自己也不會讓你更想練習，多給自己愛與慈悲的關懷。
- 既然是人，表示我們都會犯錯，重點在於我們面對錯誤的態度。
- 幫助他人，讓他們的每日練習更順暢。
- 回想自己以前練習冥想的收穫，爲這些成果而開心。
- 下定決心，爲某個對象開始冥想。
- 爲下列事情感到開心：

㈠你聽過冥想的教導

㈡你對冥想有興趣

㈢你開始冥想

這三個重點都值得感到歡喜。

- 支持其他冥想者與冥想老師。

• 培養感恩的態度，感謝自己活著、感謝自己想好好經營伴侶關係、感謝自己找到一個完全正確、有邏輯，總是有效的體系。

當你想重新開始練習，最有力的方法就是回想起「每個人都值得擁有美滿的伴侶關係」。不過，在這個世界上，要經營一段美滿的感情是最困難的。你只差一點就可以突破難關，變得幸福快樂，而一旦你做到之後，你會影響很多人效仿你。不要氣餒！你一定能度過難關，重新回到冥想墊或椅子上，每天冥想十到十五分鐘，堅定地種種子，重新審視自己的目標，檢討它們是否符合你更長遠的目的。

初學者反而收穫最多，因爲小小的種子能夠翻倍成長爲巨大的成果。

結論

仰望天空

請花一點時間……去看看天空。眞的……無論是白天還是黑夜，下雨或放晴，都抬頭看看天空。即使你在建築物內，也要找一扇窗。如果你的房間沒有窗戶，想像天空。在你的腦海中，仰望平靜、深邃的藍天……只要花幾秒鐘。

然後舉起你的拇指，讓它遮住部分天空，專注於拇指上的指甲。現在想像光以圓錐形從你的拇指

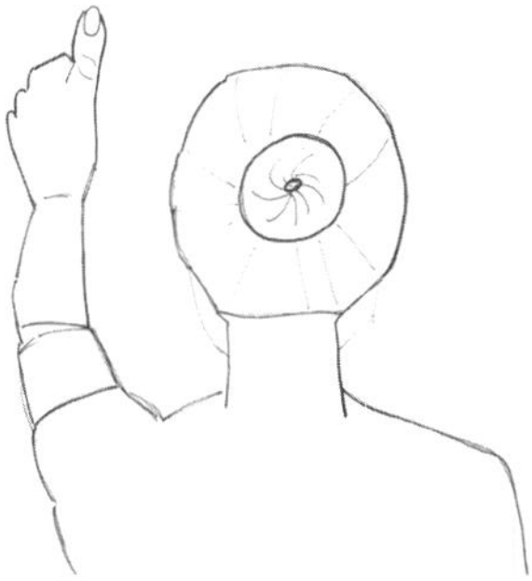

射出。一開始，光錐到達天空，然後無限延伸進入外太空，不斷擴大並覆蓋無數光年的距離。

由於空間和時間都沒有盡頭，你的拇指後面顯然會有無數個像我們所在的銀河系一樣的星系，以及無數個類似於我們居住的行星，還有數不清的生物。請記住，這不是一廂情願的想法，而是空間和時間無限的邏輯數學結論。

這些我們看不見，但必定存在於你拇指背後無界空間中的生命體，它們有什麼共同點嗎？是的，有。每個生命都想要快樂，沒有人不想要快樂，也沒有人自願受苦。

在某種程度上，這就是生命的目標和意義：活得快樂。然而，在正常狀況下，這是不可能的。在這樣的世界中，我們很難快樂起來。你或許會問：「爲什麼？」答案很簡單：因爲我們所得到、達成與學到的一切，還有我們感受到每個美好的感覺，都是短暫的。沒有什麼是永恆的！時間無情地吞噬著我們的成就。

就算我們視某事為自己的成就，無論從積累的財富到人際關係，好看的外表、健康的身體，到語言或數學及其諸多應用的知識，甚至靈性的覺悟，一切都是短暫的（少數特殊的靈性覺悟除外）。若說的比較殘酷與直白一點，那就是：在短短的時間裡，一切都會被奪走，包括我們自己的身體和心智，毫無選擇的餘地。

在內心深處，我們每個人都清楚這個事實，而正因為我們知道，所以我們更不想去思考這件事，因為越想可能會越絕望。彷彿我們束手無策，只能接受這事實。但是，我們一定得在本書結束前談談這個現象。因為，實際上，我們還是能做些事，如果沒有，我們就不會寫下此書了。

在我們的世界中，「一切都會變」是唯一不變的事實，也是我們的希望。它既是詛咒，也是救贖。唯有在一切都會變的這個前提之下，我們才能想辦法發現是什麼因素讓事情改變，然後當我們採取行動時，危機會變成轉機，問題反而能為我們創造美妙的結果。信不信由你，這正是我們個人的感情發揮作用之處，每段關係就像一顆種子，是締造完美世界的開端。

眼前的目標和長遠的目標

如你從我們的故事中所知，我們兩人都曾經歷失敗的感情。但後來，因為我們學到這個適用於萬事萬物本質的原理，我們才發現自己犯了人類常犯的錯誤，並及時修正。人類一再以錯誤的方式與伴侶相處，最終毀掉自己的關係。

我們確實是自己世界的創造者，一旦真正理解這點，我們可以開始發揮關係和其他一切事物中的隱藏力量。如果你仔細思考——我們倆都思考了超過十年，就會發現，如果不理解生命的真實本質，就不可能過著幸福的生活。

這就是為什麼世界上處處是怨偶，不管在哪個國家、哪個文化或時代，很多婚姻不幸以失敗收場。人類的問題在於我們沒有意識到一個簡單的真理：世界是我們創造出來的，我們待人接物的行為都會回到我們身上。我們對他人所做、所說、所想的一切，都反映出種瓜得瓜，種豆得豆的道理。

我們寫下這本書的初衷，就是希望全世界各地的朋友，無論來自什麼背景、年齡或文化，都能不斷在心中深化這份智慧。若希望加強和培養這份理解，關鍵就是向能夠好好解釋這份智慧的老師持續學習。理想上，這位大師級的導師已經達到更高的靈性層次。此外，這位導師不僅了解理論，還通過多世的修行獲得了實際經驗，他直接體會過西藏人所謂「直觀空性」的關鍵時刻。這是我們心流中不可逆轉的突破，即使我們不得不離開肉身，也不會失去它。

之所以有數十萬本藏文和梵文書籍被寫下，爲的就是引導我們，幫助我們加深對實相本質（即空性）的理解，幫助我們理解這個事實：沒有任何事物有其自性，一切都是我們心識種子的投射，這些種子來自我們過去對待他人的方式而創造。

我們感到無比幸運，能夠長期向麥可．羅區格西學習並與他相處。他是使我們能夠把對方種出來、共同成長，並至今保持快樂和喜悅的原因。最近，我們所做的一切就是試著透過各種專案協助他，來推動他的願景。這本書就是我們做的一份努力。

在我們思考自己理想的個人關係如何融入這一切之前，讓我們先聽聽麥可・羅區格西對完美導師的看法：

我們需要完美的導師

想像空無一人的音樂廳，
少了活生生接觸的加持，
少了剎那的深度、伎倆與陷阱，
少了溯本歸源的世代承襲，

人生的良伴，

志同道合的朋友，
引領你進入新天地，
其中盡是良師益友、奇景妙物。

此人引你
探索、深入、超越自我。
勿懼尋找最佳導師，
以己身奉獻吸引他們。
但首先要明確
你渴望學習的
正是他們所教的，
否則師生之緣難以長久。

在這由銘印
每刹那創造的世界裡，
你透過精通一事
而通達萬物：
服務他人，
服務他人的崇高藝術。
不爲己求，
非「我來學習如何奉獻」，
而是「我來奉獻並學習」。
得聞此語，如釋重負。
學以千手
奉獻他人，

從微小事物
至永恆不朽。

——麥可・羅區格西
《空性上師的魔力》（*The Magic of Empty Teachers*）
三年閉關之際寫下的教導

當瑪麗雅走進彼得的生命時，他請教麥可格西該怎麼做。他只用一句話回答：
「把她當女神對待，並記住世界來自於你。」

你或許會回答：

噢，但我的伴侶是來自某個城市的一般人。

不！還記得筆的故事嗎？你的伴侶不是來自某個城市，而是來自於你。來自你的種子。你的種子創造了關於他／她來自哪裡的故事，包括城市、他／她的外表以及他／她所做、所說和所想的一切。

可是他／她的很多所作所爲看起來不太像天使呀？

這是因爲你的種子還不太像天使。每當你的伴侶做出一些不像天使的、平凡的，甚至令人痛苦的事情時，都只是在告訴你，爲了達到天使的境界，你需要在自己身上下什麼樣的功夫。

你是說我能達到天使的境界？

對，你能成爲天使般的存在。實際上，這是你的命。

隨便啦，也許天使確實存在，但我確定我不是天使，我的伴侶也不是。

那根棍子是筆還是磨牙玩具？誰是對的？只要你動動腦，你必得接受恰恰因爲你的伴侶來自你心中的種子，所以他絕對可以成爲天使。你還無法體會這一點，完全是因爲你的種子還不夠好，這也是你還無法把自己看作天使的原因。

但我從未見過天使般的存在！

就像你拇指背後的所有星系、行星和生物，這世界上有很多你沒見過的東西，但它們確實存在。狗沒有感知「筆」的能力，所以牠沒見過筆，但這並不代表狗周圍沒有筆。筆不需要宣告自己的存在；是狗需要改變牠們的種子。等到牠成功了，牠們眼前處處都是筆。

你是說如果我仔細觀察自己的行爲並遵循道德原則，我和我的伴侶可以逐漸改變並成爲天使？

是的，這是所有伴侶關係的終極目標。陰陽能量結合可以形成一個全新的個體，你們能時時處於平衡的狀態，感到無比幸福，一起服務無數世界。等你達到最深刻的狀態，你可以輕輕鬆鬆地把你們的身體複製到無數個時空，救度所有可能存在的眾生。

當我們相遇時，我們都有這樣的願景，而這也是我們過去幾年一直在做的事。我們常加入麥可．羅區格西，造訪許多國家，幫助更多人加深對空性的理解，並用它來創造他們想要的東西。

起初，大多數人想要更多錢、更好的工作、完美的伴侶等。但當你向自己證明這方法確實有效時，你會追求更高的目標。當你學會先幫助他人，再透過好好咖啡冥想，爲自己創造相同的現實時，何須爲自己的目標設限？或許你還不清楚自己的界限，但如果種子眞的主宰世界，你就沒有界限。

我們寫這本書並分享我們的生命故事，不是爲了帶給你短暫的快樂。我們不希望你的關係只是稍微改善，也不希望你跟另一半度過了快樂的幾十年之後，得要經歷死別。如果你開始運用我們在書中提到的方法種種子，你能心想事成，你會擁有許多小確幸，但更重要的是，你能向自己證明這個方法是貨眞價實的——你不但創造出完美的伴侶，也創造全新的實相。

最後，你會有十足的信心、熱情和對全人類的愛，去實現最偉大的轉變。你和你的伴侶，在十億個星球上成爲摩西、耶穌、穆罕默德或佛陀這樣的導師，觀察無數眾生的需要，然後引導他們向善。

一開始，你會慢慢地向他們解釋，每個人都透過自己的行爲創造自己的世界，因爲沒有事物有其自性，就像狗和人雖然同時看到圓柱體，但狗的眼中出現磨牙玩具，而人看到筆。現在，你知道兩者都對。事物的自性不可能來自物體本身，而必須來自觀察者……這種領悟是終結所有苦難的源頭。

懷著對我們的上師與對彼此永恆的愛與感激

瑪麗雅與彼得

歡迎加入我們的行列！與我們聯絡，我們期待你的回音！

我們想聽聽你的故事；我們想為你的努力和成功喝采。我們很樂意支持你的旅程，如果你願意的話，也歡迎你參與我們的課程。你可以在網路上找到很多我們的免費課程和冥想，還有其他付費課程。請隨時與我們或麥可．羅區格西聯繫。當你踏出這一步，你的生活將永遠改變。

實用連結：

黃金俱樂部是一個俄語系社群，支持古代經典保存（ALL 亞洲經典傳承圖書館）並帶領學員一起把古老智慧運用在生活中。

www.goldcluball.org

經典智慧學院：免費以俄語提供亞洲經典學院佛教哲學課程。

https://classicwisdomacademy.com/

斷金剛法則：DCIG 俄語系課程合作夥伴，提供商業培訓。

https://dcmethod.online/

Pranamove 是瑜伽研究院（YSI）的合作夥伴，是一個練習瑜伽體位法、冥想和學習瑜伽哲學的線上平台。

https://www.youtube.com/@pranamove

https://t.me/pranamove

電子郵件：

瑪麗雅・梅拓：marijamoertl@gmail.com

彼得・梅拓：peter.moertl@gmail.com

彼得和瑪麗雅的社群媒體：

https://t.me/moertl_marija

https://t.me/marijamoertl

https://www.facebook.com/peter.moertl/

https://www.instagram.com/brilliant_minds_meditate/

瑪麗雅的網站及其所有課程：

https://goldclubll.org/marijamoertl

@MOERTL MARIA

@DCI_GRATITUDE

@MOERTL_MARIA

@PETER_MOERTL

您可以參加麥可・羅區格西在台灣的課程：

Score
Score
Personal Fouls
00:00:00
D C I
GLOBAL
MINING CLUB
SINCE. 2021

YOGA STUDIES INSTITUTE
YOGA WISDOM
瑜伽智慧學苑
KULA

瑜伽智慧學苑

Yoga Wisdom Kula

瑜伽智慧學苑，提供來自千年傳承的妮古瑪瑜伽深度學習與師資培訓，及瑜伽三大經典智慧的學習包含《瑜伽經》《哈他瑜伽之光》《勝者之歌》，由格西麥可·羅區和美國瑜伽經典研究院（YSI）的師資團隊教授。

把古老瑜伽智慧的傳承，以簡單易懂的現代語言，著重於把智慧融入生活。讓瑜伽練習不再單單只追求瑜伽體式，而是看見瑜伽的全貌，達到瑜伽的終極目標。

願你在此學習中得到指引，過上心滿意足的理想生活，讓瑜伽練習成為你的生活方式。

想了解更多資訊，請洽以下 Line@ 窗口。

眾生系列　JP0238

愛的業力種子——
4 步驟和 19 個練習，讓你從創傷到圓滿，顯化出自己的理想伴侶

I am loved : Meditations and practices to create a perfect relationship powered by the Diamond Cutter System

作者	瑪麗雅．梅拓、彼得．梅拓（Marija & Peter Moertl）
譯者	袁筱晴
責任編輯	陳芊卉
封面設計	周家瑤
內頁排版	歐陽碧智
業務	顏宏紋
印刷	中原造像股份有限公司

發行人	何飛鵬
事業群總經理	謝至平
總編輯	張嘉芳
出版	橡樹林文化 台北市南港區昆陽街 16 號 4 樓 電話：886-2-2500-0888 #2738　傳真：886-2-2500-1951
發行	英屬蓋曼群島商家庭傳媒股份有限公司城邦分公司 台北市南港區昆陽街 16 號 8 樓 客服專線：02-25007718；02-25007719 24 小時傳真專線：02-25001990；02-25001991 服務時間：週一至週五上午 09:30-12:00；下午 13:30-17:00 劃撥帳號：19863813　戶名：書虫股份有限公司 讀者服務信箱：service@readingclub.com.tw 城邦網址：http://www.cite.com.tw
香港發行所	城邦（香港）出版集團有限公司 香港九龍土瓜灣土瓜灣道 86 號順聯工業大廈 6 樓 A 室 電話：852-25086231　傳真：852-25789337 電子信箱：hkcite@biznetvigator.com
馬新發行所	城邦（馬新）出版集團 Cité（M）Sdn. Bhd.（458372U） 41, Jalan Radin Anum, Bandar Baru Seri Petaling, 57000 Kuala Lumpur, Malaysia. 電話：+6(03)-90563833　傳真：+6(03)-90576622 電子信箱：services@cite.my

一版一刷　2025 年 9 月
ISBN：978-626-7769-07-2（紙本書）
ISBN：978-626-7769-05-8（EPUB）
售價：480 元

城邦讀書花園
www.cite.com.tw

國家圖書館出版品預行編目（CIP）資料

愛的業力種子——4 步驟和 19 個練習，讓你從創傷到圓滿，顯化出自己的理想伴侶 / 瑪麗雅．梅拓（Marija Moertl），彼得．梅拓（Peter Moertl）著；袁筱晴譯．-- 初版．-- 臺北市：橡樹林文化出版：英屬蓋曼群島商家庭傳媒股份有限公司城邦分公司發行，2025.09
面；　公分．--（眾生；JP0238）
譯自：I am loved.
ISBN 978-626-7769-07-2（平裝）

1.CST: 性別關係 2.CST: 兩性溝通 3.CST: 靈修

544.7　　114009825

填寫本書線上回函